Joaquina Siquice
Christoph Goergen

Geschichten aus dem Palmenwald

Ein mosambikanisches Märchenbuch

ELfA-Verlag

Christoph Goergen & Joaquina Siquice,
Zeltpalast Merzig, 2011

Joaquina Siquice, 1953 in der mosambikanischen Provinz Inhambane geboren, verbrachte ihre Kindheit in jenem Palmenwald. Bereits als kleines Mädchen wusste sie, dass sie Tänzerin werden wollte. An diesem Traum hielt sie selbst dann noch fest, als sie bereits als Grundschullehrerin arbeitete. Ein Stipendium verhalf ihr schließlich zu einer dreijährigen Tanzausbildung in Maputo. Als dort 1983 die *Companhia*

Nacional de Canto e Dança gegründet wurde, war Joaquina Siquice deren erste Prima Ballerina. Mit diesem Ensemble bereiste sie die ganze Welt, auch Deutschland, wo sie schließlich ihr Herz verlor und blieb. Seit 1991 lebt und arbeitet sie als freischaffende Künstlerin im schönsten Bundesland der Welt.

Christoph Goergen wurde 1965 im saarländischen Merzig geboren, wo er aufwuchs und die Schule besuchte. Bevor er sich in Heidelberg dem Lehramtstudium hingab, absolvierte er zunächst seinen Bundeswehrdienst als Klarinettist in einem Heeresmusikkorps und bereiste 1989/90 als Keyboarder und „vocal assistant" der internationalen Showgruppe *Up with people* viele Länder dieser Erde. Nach abgeschlossenem Studium kehrte er wieder in seine Heimatstadt Merzig zurück, wo er noch heute an der Christian-Kretzschmar-Schule Musik und Englisch unterrichtet.

2007 kreuzten sich die beiden Wege und aus der künstlerischen Zusammenarbeit entstand schließlich die Entwicklungshilfeorganisation *Ein Licht für Afrika*. Der Verein finanziert mit den Einnahmen aus Benefizkonzerten und Gottesdiensten, die vom gleichnamigen Projektchor bestritten werden, Bauprojekte in Mosambik. Auch der Verkauf von eigenen CDs und Büchern trägt erheblich zu deren Finanzierung bei.

Joaquina Siquice & Rosemarie Held

Dieses Büchlein widme ich
meiner lieben Mutter
Rosemarie Held
und den Menschen in Mosambik.

Illustrationen: Stefanie Strauch, Heinz Kelzenberg
Lektorat: Rosemarie Held, Ulrike Hehl, Kathrin Kairies
Umschlag- und Buchgestaltung: Sara Erbel, Christoph Goergen
Umschlagfoto: Christoph Goergen, Guigobane/Mosambik 2010
Kontakt: c.goergen65@web.de, einlichtfuerafrika@gmx.de
Internet: www.einlichtfuerafrika.de
Facebook: www.facebook.com/EinLichtfuerAfrika

Spendenkonto: „Ein Licht für Afrika"
Kreissparkasse Merzig-Wadern
IBAN DE63 593510400100005040

ISBN 978-3-00-052716-6

Inhalt

Karingana wua Karingana,

so beginnen auch in Afrika die Märchen, nein, falsch, so beginnen in Mosambik die Märchen, noch genauer gesagt: So beginnen die Geschichten, die man sich im Palmenwald erzählt, dort, wo der Stamm der Bitonga zu Hause ist. Bitonga nennt man auch deren Sprache. Auf Bitonga sagt man also Karingana wua Karingana, wenn man *Es war einmal* meint.

Der Palmenwald im südlichen Mosambik, der vom Landesinnern bis zum Indischen Ozean reicht, sei übrigens der größte zusammenhängende Palmenwald der Welt, sagt man. Tausende von Menschen leben dort verstreut in ihren Hütten aus Bambus und Palmenwedel, gemeinsam mit ihren Tieren, in enger Verbundenheit mit der Natur. Dort gibt es keine geteerten Straßen, nur Sandpfade, keine Fabrikschornsteine, nur rauchende Feuerstellen, keine stinkenden Verkehrsmittel, nur Ochsenkarren, keine Massentierhaltung, nur so viel Vieh, wie für den eigenen Bedarf notwendig, keine Uhren, nur krähende Hähne und die Sonne, keine Konzerte, nur Hausmusik, kein Fernsehgerät, kein Kino, nur Geschichtenerzähler.

Besonders im Winter, wenn die Tage kürzer werden – auf der Südhalbkugel ist das in den Monaten Juni bis August – sitzen die Menschen entweder in ihren Hütten oder draußen um das Feuer zusammen und erzählen sich Geschichten: gruselige, lehrreiche, amüsante, verzaubernde, geheimnisvolle. Es ist unvorstellbar, wie viele Geschichten besonders die älteren Menschen Afrikas in ihren Köpfen haben, welche, die sie von ihren Vorfahren erzählt bekamen, welche, die sie wiederum an ihre Kinder und Kindeskinder weitergeben, was in dem Fall weitererzählen bedeutet, nicht etwa vorlesen, wie man das vereinzelt noch aus unseren Kinderzimmern kennen mag.

Hat man in Afrika bislang diese kulturellen Errungenschaften gelassen von Generation zu Generation weitergegeben, treibt mittlerweile viele Afrikaner die berechtigte Sorge um, dass einige dieser traditionellen Kulturgüter der Vergessenheit anheimfallen könnten, da sich die Lebensumstände der Menschen geändert haben. Man sitzt immer seltener um die Feuerstelle, um sich Geschichten zu erzählen oder anzuhören. Denn die Globalisierung hat selbst vor dem paradiesischen Palmenwald nicht haltgemacht. Irgendwie dringt doch der technische Fortschritt ein und infiziert die Menschen. Es kommt dann ab und an doch das eine oder andere Automobil mit Allradausstattung vorbei, das gemächlich über die Sandpisten rollt, oder man hört aus irgendeiner Hütte ein Radiogerät, das europäische Opernsänger vor afrikanischer Kulisse auftreten lässt, oder gar ein Fernseher, der Geschichten mit Bildern zu bieten hat. Übrigens werden sowohl Radio als auch Fernseher entweder mit Batterien oder einem brummenden Stromaggregat betrieben, falls ihr euch wundert. Und das natürlich nur so lange, wie die Batterien Saft haben, Benzin für das Stromaggregat vorhanden ist bzw. nur so lange, wie die Nachbarn den ohrenbetäubenden Lärm des Stromaggregates ertragen. Vor einer Hütte entdeckte ich sogar ein unauffälliges Solarelement einer europäischen Photovoltaikanlage.

Zwar gab es in der Vergangenheit bereits viele Menschen, besonders europäische Missionare, die sich um den reichen Geschichten- und Märchenschatz des afrikanischen Kontinents bemühten und ihn schriftlich festhielten, da sie den unschätzbaren Wert dieser Volkskunst erkannten – und mittlerweile gibt es auch eine beträchtliche Anzahl afrikanischer Märchenbücher.

Jedoch hat bislang noch niemand die Geschichten, Märchen und Fabeln aus dem mosambikanischen Palmenwald gesammelt und aufgeschrieben – das vorliegende Buch ist auch nur ein bescheidener Anfang. Dazu kam es erst, als die mosambikanische Künstlerin Joaquina Siquice, die ihre Kindheit in jenem Palmenwald verbrachte, mir die vorliegenden Geschichten und Märchen aus ihrer Heimat erzählte, verbunden mit der Bitte, sie doch aufzuschreiben.

Im Nachhinein betrachtet, war diese Aufgabe eigentlich gar nicht so schwierig, wie ursprünglich angenommen, da sich die afrikanische und die europäische Märchenwelt im Grunde sehr ähnlich sind. Auch in afrikanischen Märchen gibt es böse Stiefmütter, streitbare Dorffrauen, missgünstige Nachbarn, edle Helfer, treue Freunde und hinterlistige Tiere, obgleich die Rollenverteilung gezwungenermaßen eine andere ist: In Ermangelung eines Fuchses übernimmt in Afrika beispielsweise der Hase die Rolle des pfiffigen, hinterlistigen Tieres.

Was die beiden Märchenwelten jedoch wesentlich unterscheidet ist, dass die Zuhörerinnen und Zuhörer immer einbezogen werden, und die Märchen oft von Musik und Tanz begleitet werden. Außerdem gibt es in Afrika Märchen für spezielle Zielgruppen, auch für bestimmte Tages- oder Jahreszeiten. In einigen Teilen Afrikas glaubt man sogar fest daran, dass die falsche Auswahl Krankheit für den Erzähler und Unglück für die Dorfgemeinschaft bedeutet. Aber vertraut mir: Sowohl beim Lesen als auch beim Erzählen der in diesem

10

Buch auf Papier gebrachten Geschichten aus dem Palmenwald sind absolut keine Nebenwirkungen zu befürchten.

Man kann sich leicht vorstellen, dass Geschichten im Laufe der Jahre leichten Wandlungen unterliegen. Aber wie sagte einst Nelson Mandela: „Eine Geschichte ist eine Geschichte, und deshalb kann man sie so erzählen, wie es der eigenen Phantasie und der jeweiligen Umwelt entspricht." Das sei nun mal das Wesen der Volkskunst – Volkslieder teilen im Übrigen das gleiche Schicksal. „Und wenn die Geschichte Flügel bekommt und zum Eigentum anderer wird", so Mandela weiter, „sollte man sie auch nicht aufhalten. Eines Tages kehrt sie zu einem selbst zurück, bereichert durch neue Details und mit einer neuen Stimme."

Ja, klingt das nicht regelrecht nach einer Aufforderung, den Geschichten einen neuen Anstrich zu verpassen, sie quasi neu zu inszenieren, wie man es mit klassischen Werken an Opernhäusern und Theatern tut? Zugegeben, Regisseure beweisen da nicht immer ein glückliches Händchen und zerstören schnell viel bzw. verfremden das Original derart, dass es selbst den Autoren schwerfiele, ihr Werk wiederzuerkennen. Ich hoffe, dass ich in meinen Nacherzählungen nach- und vorsichtiger vorgegangen war – Joaquina Siquice erkannte ihre Märchen zumindest alle wieder. Ebenso hoffe ich, dass die Nacherzählungen ganz im Sinne Mandelas eine Bereicherung darstellen. Die liebevollen Illustrationen aus den Tuschefedern von Stefanie Strauch und Heinz Kelzenberg tun dies allemal.

Christoph Goergen

12

„Eine Wunde, die ein Freund schlägt, heilt nur schwer."

Der Affe und der Hase

Es waren einmal ein Affe und ein Hase, die ganz dicke Freunde waren. Eigentlich ein komisches Gespann, nicht wahr? Die anderen Tiere machten sich bereits lustig über die beiden, weil sie alles, aber wirklich alles, gemeinsam unternahmen. Man sah den Affen nie ohne den Hasen und den Hasen nie ohne den Affen. Wenn man den Affen hörte, konnte man sicher sein, dass der Hase gleich einen Haken um die Ecke schlug. Sah man den Hasen unter einem Affenbrotbaum, hockte der Affe hundertprozentig genau über dem Hasen auf einem Ast von gerade diesem Baum. Die beiden ließen sich nie aus den Augen und waren immer für einander da und ergänzten sich großartig. Ansonsten hatten die beiden keine weiteren Freunde. Sie hatten ja sich. Sie legten auch keinen großen Wert auf neue Bekanntschaften. Um alte Weggefährten kümmerten sie sich nicht mehr.

Nun geschah es, dass über dem Land bereits seit Monaten kein Regen mehr fiel. Das kommt in Afrika öfters vor und ist eigentlich nichts Außergewöhnliches. Daher bereitet man sich schon während der fruchtbaren Tage auf die Dürre vor und legt Vorräte an, damit man auf alles gefasst ist und nie Hunger leiden muss. Aber eine solch lange Trockenzeit wie in diesem Jahr, hatte es noch nie gegeben. Affe und Hase konnten sich zumindest nicht daran erinnern.

Mit den Vorräten hatten sich viele Leute verschätzt. Auch Affe und Hase mussten viel sparsamer mit der Nahrung sein als sonst. Der Affe, der schon immer der Chef in der Küche war, regelte die Einteilung der Portionen. Dem Hasen waren die Portionen übrigens grundsätzlich zu klein. Er wurde nie richtig satt und war nur noch schlecht gelaunt.

Der Affe war da viel vernünftiger. Er hätte selbst auch lieber mehr gegessen. Aber an dem Regen, der einfach nicht kommen wollte, konnte man eben nichts machen. „Was soll ich mir den Tag wegen Dingen verderben, die man nicht ändern kann?", sprach Affe zu Hase, „und du solltest es mir gleich tun. Irgendwann wird es schon wieder anfangen zu regnen, und dann werden wir wieder viel zu essen haben!"

„So ein Klugscheißer!", dachte der Hase, „seine schlauen Sprüche kann er sich sparen. Der soll sich mal die Wasserlöcher angucken, die fast völlig ausgetrocknet sind. Wenn es nicht sehr bald regnet, werden die ersten Leute verdursten".

Wenn die beiden Freunde vor der Hütte beim Essen saßen, sagte der Affe mehrmals: „Oh, ist das lecker, Hase, gell? Diese Bohnen sind einfach köstlich!" Und bei jedem Bissen schloss der Affe genüsslich die Augen, um sich besser auf den Geschmack der Bohnen konzentrieren zu können – dabei schmeckten die Bohnen so wie immer. Aber das bewusste Genießen half dem Affen sich selbst darüber hinwegzutäuschen, dass der Speiseplan weder Variantenreicheres noch Üppigeres zu bieten hatte. Dieses Getue ging dem Hasen allerdings gehörig auf die Nerven.

Eines Tages saßen die beiden Freunde wieder bei dem kargen bzw. üppigen Mahl – was übrigens ganz auf die Sicht des Betrachters ankam. Es hatte noch immer nicht geregnet, und die Stimmung beim Hasen war wieder einmal im Keller. Aber dafür war die Stimmung beim Affen umso besser, da es heute etwas ganz Besonderes zu essen gab: Bohnen! Den Hasen sagt man ja nach, dass sie sehr intelligent und raffiniert sind. Nun wollte der Hase seinem Ruf gerecht werden und sogar seinen besten Freund austricksen. Wenn man Hunger hat, wird man eben kreativ, und dann sind einem sogar die besten Freunde nicht zu schade.

Unter einem Vorwand verließ der Hase ihr Zuhause und bat den Affen, mit dem Essen auf ihn zu warten. „Ich bin sofort wieder zurück!", rief der Hase. Von einem seiner Streifzüge durch den Busch wusste er, dass unweit des mittlerweile vertrockneten Wasserloches, gleich hier in der Nähe, einer der gefürchteten Löwen verstorben war. Offensichtlich war der König der Tiere hier erschöpft angekommen, hatte gehofft, Wasser zu bekommen und ist dann verdurstet. Von dem Löwen war nicht mehr viel übrig. Nur noch das Fell lag wertlos im Sand. Der schlaue Hase nahm sich das Fell, warf es über sich und lief zurück zu der Hütte, wo der Affe mit dem Essen wartete. Als der Affe den gefährlichen Löwenkopf im hohen Gras erblickte, erschrak er und machte sich so schnell er konnte auf und davon.

Der Hase kam aus dem Lachen nicht mehr heraus. Das sah aber auch zu komisch aus, wie der Affe in Todesangst nach seinem Freund Hase rief und weglief. „Der wird so schnell nicht wieder kommen", freute sich der Hase und machte sich über die zwei Portionen Bohnen her, die der Affe vorbereitet hatte. Seit langer Zeit war der Hase mal wieder so richtig satt und fühlte sich hasenwohl.

Das Fell würde ihm noch häufig einen Dienst erweisen, dachte der Hase, und versteckte es sorgfältig im Gebüsch. Der Affe indes näherte sich vorsichtig wieder seinem Heim, und als er den Hasen vor der Tür sah, war er beruhigt. Jetzt konnte er davon ausgehen, dass der Löwe wieder weg und die Gefahr gebannt war. Geradewegs lief er auf den Hasen zu und berichtete noch immer aufgeregt von dem schrecklichen Löwen, den er entdeckt hatte, als dieser auf ihre Hütte zusteuerte. „Kannst du dir das vorstellen, Hase? Ich habe den Löwen ganz deutlich gesehen, und er kam direkt auf unsere Hütte zu!" Scheinheilig entgegnete der Hase: „Zum Glück ist nichts weiter passiert. Du armer Freund musst ja Todesängste ausgestanden haben. Das ist aber trotzdem noch lange kein Grund, die Bohnen alleine aufzuessen!" „Nein, mein Freund, das würde ich niemals tun. Ich habe das Essen nicht angerührt. Wahrscheinlich hat der Löwe die Bohnen gegessen!", antwortete der Affe traurig darüber, dass sein Freund ihm eine solche Gemeinheit unterstellt hatte. Daraufhin tröstete der Hase den Affen und sagte: „Jetzt beruhige dich! Das kann eben mal vorkommen. Hauptsache, der Löwe hat dich nicht aufgefressen. Die blöden Bohnen können uns doch egal sein!"

Im Laufe der nächsten Wochen hat der Hase seinen besten Freund noch mehrmals betrogen. Der Löwentrick funktionierte immer wieder aufs Neu. Jedoch fiel dem Affen auf, dass der Hase in letzter Zeit stets bester Laune war, obgleich er doch noch weniger zu essen bekam als sonst. Und seltsam auch, dass der Hase nie zuhause war, wenn der Löwe vorbeikam, also er immer dann sehr geschäftig war und unaufschiebbare Dinge zu erledigen hatte, wenn er hier zuhause hätte helfen sollen, die Hütte und die Bohnen zu verteidigen.

Des Affen Misstrauen wuchs von Tag zu Tag. Und obwohl sich sein Innerstes dagegen sträubte zu glauben, dass sein bester Freund ihn betrog, beschloss der Affe, der Sache auf den

Grund zu gehen. Er würde sich entsetzlich dafür schämen. Aber es musste sein. Er brauchte die Gewissheit, dass der Hase noch immer sein Freund war! Bei der nächsten Gelegenheit würde er dem Hasen einfach hinterherlaufen. Bereits am darauffolgenden Tag, als sich der Duft des köstlichen Essens in der Hütte verbreitet hatte – der Affe hatte sich an jenem Tag besonders ins Zeug gelegt und sich mit seiner Kochkunst selber übertroffen: Es gab Bohnen! –, wurde der Hase bereits unruhig und gab vor, dringend, noch vor dem Essen, vor die Hütte zu müssen. „Meine schwache Hasenblase. Verstehst du, Affe?"

Selbstverständlich verstand der Affe, und er wünschte sich, er würde irren. Sobald der Hase die Hütte verlassen hatte, schlich der Affe dem Hasen hinterher und traute seinen Augen nicht, als sein Freund als Hase im Gebüsch verschwand und als Löwe wieder aus dem Gebüsch heraustrat. Nun konnte er den falschen Löwen auch genau erkennen. Es war in der Tat sein bester Freund, der Hase, der das schwere Löwenfell über sich gezogen hatte und damit loszog, um ihn wieder zu erschrecken und zu vertreiben.

Der Affe war wie gelähmt. Welche Enttäuschung! Ihm war nach Heulen zumute. Geknickt ging der Affe heimwärts. Nachdem er sich aber wieder gefasst hatte, schmiedete er einen Plan, wie er dem Hasen eine Lektion erteilen könnte. Dieser schändliche Freundschaftsverrat dürfte nicht ungesühnt bleiben. Er müsste den Hasen auf jeden Fall im Glauben lassen, dass er ihm noch nicht auf die Schliche gekommen war und dass zuhause alles seinen gewohnten Gang ging. „Jetzt aber schnell nach Hause! Ich muss vor dem Hasen in der Hütte sein. Wen sollte er sonst erschrecken?" Glücklicherweise war

17

der Hase mit dem schweren Fell erheblich langsamer als der Affe. Und so geschah es, dass der Affe pünktlich eintraf, um sich erschrecken zu lassen und wieder panisch davonzulaufen.

Auch heute würde der Affe wieder nichts zu essen bekommen, da sich ja der böse Löwe wieder über die leckeren Bohnen hermachen würde. Aber das wäre das letzte Mal, schwor sich der Affe.

Und er hatte auch schon eine Idee. Irgendwo in seiner Küche müsste sich doch noch ein Säckchen scharfen Piri-Piri-Pulvers befinden, überlegte der Affe und begann zu suchen. Piri-Piri-Pulver verwendete der Affe immer, wenn er seine berühmten Piri-Piri-Bohnen zubereitete. Er würde einfach das Fellinnere mit diesem scharfen Zeug einstreuen. Dann hätte er wenigstens auch etwas zu lachen, wenn der gewürzte Löwe versuchen würde ihn zu erschrecken, sich aber ständig kratzen müsste. „Hurra! Da ist es schon, das Piri-Piri-Pulver!"

An jenem Morgen verließ der Affe noch vor dem Sonnenaufgang die Hütte und eilte zu dem geheimen Platz, wo das Löwenfell versteckt war. Flugs streute er das Fell ein, zunächst nur wenig. Als er jedoch bemerkte, dass er noch ganz viel von diesem Pulver übrig hatte, und er in den nächsten Tagen sowieso keine Piri-Piri-Bohnen zubereiten wollte, wiederholte er die Prozedur und streute nochmals ordentlich Piri-Piri-Pulver auf das Fell. Dieses Mal war es allerdings so viel, dass der Affe von der Piri-Piri-Wolke, die plötzlich um ihn herum staubte, einen Niesanfall bekam. „So ein (hatschi) Mist!", dachte der Affe, „hoffentlich wird nun der Hase (hatschi) nicht wach". Dann wäre es vorbei mit der Lektion, die der Affe eigentlich dem Hasen, und nicht sich selbst, erteilen wollte.

Nachdem sich der Niesanfall gelegt hatte, wagte sich der Affe aus dem Gebüsch und lief zurück in die Hütte. Kurz vor der Hütte wurde er sehr leise und vorsichtig. Hoffentlich hatte der Hase in der Zwischenzeit nicht bemerkt, dass er die Hütte verlassen hatte. Doch kaum betrat der Affe die Hütte, stand der Hase vor ihm und erwartete ihn bereits. Es war äußerst ungewöhnlich, dass der Affe die Hütte nachts verließ, wo er doch stets so viel Angst vor den Löwen hat, dachte der Hase. Sollte er irgendwo im Gebüsch ein geheimes Nahrungsmittelversteck haben, von dem er nichts wusste? „Ei, ei, ei! Wo warst du denn, mein Freund, so mitten in der Nacht?", fragte der Hase neugierig. Umso enttäuschter war er, als der Affe ihm eine ganz plausible Antwort gab: „Mein lieber Freund, ich bekam urplötzlich einen Niesanfall und musste ständig niesen. Das erste Niesen konnte ich noch unterdrücken. Als es jedoch drohte immer häufiger und intensiver zu werden, verließ ich die Hütte und lief einfach in den Busch, um dich nicht zu wecken." „Wie rücksichtsvoll, Affe. Und wie mutig, einfach in den Busch zu laufen, nachts, wenn es finster ist, und du dich doch immer so vor den Löwen fürchtest!", entgegnete der Hase.

Es war noch immer nicht hell, und die beiden Freunde beschlossen, sich noch eine Mütze Schlaf zu holen. Der Hase schlief direkt wieder ein. Heute hatte er nämlich wieder ausreichend gespeist, leckere Bohnen, und hatte die nötige Schwere. Der Affe indes konnte vor lauter Aufregung und Vorfreude nicht einschlafen. Immer wieder stellte er sich vor, wie der Hase wohl springen würde, wenn er sich das Löwenfell überzieht, und malte sich die möglichen Bilder aus.

Genau zur Essenszeit meldete sich wieder des Hasen schwache Blase. „Ich muss mal eben für kleine Hasen! Warte bitte auf mich mit dem Essen!", sagte der Hase und verließ die Hütte. Der Affe rührte derweil verlegen in den Bohnen und war gespannt, was passiert.

Es dauerte nicht lange, da erblickte der Affe den Löwenkopf im hohen Gras. Aber dieses Mal steuerte der falsche Löwe nicht auf die Hütte zu, sondern lief eher im Kreis und tat seltsame Sprünge. Sah das komisch aus.

Der Hase hatte nicht Pfoten genug, um sich überall dort zu kratzen, wo es juckte. Und es wurde immer schlimmer, und es kamen immer neue Stellen dazu, die wie Feuer brannten. „Neeeein, neeein, was ist daaaas?", jammerte der Hase, das kann doch nicht seeeein!" Er wäre natürlich gerne zu seinem Freund, dem Affen, gerannt. Aber es war zu erwarten, dass der Affe bei seinem Anblick wegrennen würde. „Oh neein, das wird immer schliiimmer! Ist denn niemand in der Nähe, der mir helfen kann?" Der Hase schlug immer wildere Haken und machte dabei Bewegungen, die für einen Löwen eher ungewöhnlich und auch nicht gerade majestätisch waren. Es gab einige Leute wie die Zebras beispielsweise, die auf das Theater aufmerksam wurden und sich wunderten. Als sie jedoch den Löwen entdeckten, zogen sie es vor, sich in Sicherheit zu bringen. Ebenso die Antilopen.

Das kann ja nur an diesem Fell liegen, dachte Hase. Aber selbst, als er sich des Fells entledigte, brannte und schmerzte es weiter. Er hätte sein Hasenfell ordentlich mit Wasser durchspülen müssen. Aber die Wasserlöcher waren versiegt. Und auch der Fluss führte nur noch ein lächerliches Rinnsal.

Wollte er seine Qualen beenden, blieb ihm nichts anderes übrig, als zu seinem Freund, dem Affen, zu laufen. Als der Affe den Hasen kommen sah, wusste er, was auf ihn zukommen würde und hielt bereits einen Teppichklopfer und eine Bürste bereit, um dem Hasen ordentlich das Fell zu reinigen, das er ihm am liebsten über die Ohren gezogen hätte.

Nachdem der Hase wieder einigermaßen hergestellt war, hatte er entsetzlichen Hunger. „Affe, mein Freund! Was ist mit den Bohnen? Wolltest du nicht mit dem Essen auf mich warten?" „Aber Hase", antwortete der Affe, „du weißt doch, dass der Löwe hier ab und zu vorbeischaut und dann großen Hunger hat. Er hat die Bohnen offensichtlich alle alleine gegessen. Leute wie die Löwen kennen keine Gnade. Heute waren sie aber auch besonders gut, da ich sie mit Reis, den ich eigens in Kokosmilch abgekocht hatte, und Knoblauch zubereitete. Normalerweise gehört zwar noch eine gehörige Portion Piri-Piri an den Bohnentopf, aber das scharfe Zeug war mir gestern leider ausgegangen. Ich musste das ganze Pulver anderweitig einsetzen. Was soll's! Die Löwen scheinen ohnehin keine Feinschmecker zu sein."

Plötzlich dämmerte es dem Hasen, dass der Affe, sein bester Freund, hinter dieser Geschichte mit dem verseuchten Löwenfell steckte. Der Affe hatte also gewusst, wo der Hase herläuft! Aber er war ihm nicht böse. Im Gegenteil. Er schämte sich sehr dafür, dass er seinen besten Freund so betrogen hatte, nur wegen ein paar blöden Bohnen. Und jetzt schämte er sich umso mehr, da der Affe ihn trotzdem nicht zum Teufel jagte, sondern ihm nochmals die Pfote reichte und ihm eine Gelegenheit gab, dass auch er seine Freundschaft unter Beweis stellen kann. Einen solchen Freund habe ich gar nicht verdient, dachte der Hase und begann entsetzlich zu weinen. Und mit ihm begann auch endlich der Himmel zu weinen.

→)(← ⊠ →)(←

„Heirate ein schönes Weib - und du heiratest Verdruss."

Das Mädchen Muali

In einem Dorf, irgendwo in Mosambik, wo die Palmen besonders dicht stehen und von wo man in der Ferne stets das Rauschen des Indischen Ozeans vernehmen kann, lebte einst glücklich und zufrieden eine kleine Familie: Vater, Mutter, Kind. Das geliebte Kind hörte auf den Namen Muali.

Die Familie war nicht arm. Man könnte sie sogar als wohlhabend bezeichnen. Denn immerhin besaßen sie zwölf Kühe, sechs Ziegen, zwanzig Hühner und zwei Hausschweine, deren nasses, schwarzes Fell immer so schön glänzte, wenn sie sich in dem Seerosenteich aufhielten, der sich ganz in der Nähe ihres Gehöftes befand.

Mualis Eltern schufteten hart. Besonders die Mutter, die neben der anstrengenden Arbeit mit den Tieren auch für den kleinen Gemüsegarten und die Wäsche zuständig war. Außerdem musste sie dafür Sorge tragen, dass das Essen täglich auf der Bastmatte stand. Mit dem Kochen allein war es ja nicht getan. Bevor sie damit beginnen konnte, musste sie erst das Feuer entfachen und in Gang halten.

Aber Mualis Mutter beklagte sich nie, obwohl ihr in letzter Zeit das Wäschewaschen zunehmend schwerer fiel. Um diese Arbeit erledigen zu können, musste sie mit der Wäsche immer zum Fluss laufen. Alleine der Fußmarsch durch den Sand bereitete ihr von Mal zu Mal mehr Mühe, obwohl sie noch immer eine sehr elegante Figur abgab, wenn sie sich mit Muali an der Hand und dem Wäschekorb auf dem Kopf zum Fluss aufmachte und dabei über den Sand zu schweben schien. In gebückter Haltung musste sie dann die Wäschestücke einseifen, schrubben, spülen. Zum Trocknen spannte sie die Wäsche über hohes Gras und Sträucher am Ufer. Muali erfreute sich stets an dem riesigen, bunten Flickenteppich, den ihre Mutter aus den leuchtenden Stoffen entstehen ließ.

Die Mutter wurde immer schwächer und spürte, dass sie ernsthaft erkrankt war und sich schon bald auf die Reise zu ihren Ahnen begeben würde. Aber sie beschloss nicht eher zu sterben, bevor sie nicht für ihre geliebte Tochter gesorgt hätte. Ihr Mann war sehr gutaussehend und noch jung, und es war nicht auszuschließen, dass er nach ihrem Tod wieder heiraten würde. Aber für den Fall, dass er eine Frau ins Haus brächte, die Muali schlecht behandelte, müsste Vorsorge getroffen werden.

Sie rief ihre Tochter zu sich und versuchte Muali behutsam auf ihren Tod vorzubereiten. Sie begann damit zu erklären, dass alle Menschen schließlich sterben müssten, die einen früher, die anderen später, und dass sie selbst spürte, dass es mit ihr nun bald zu Ende ginge, aber dass dies kein Grund zur Sorge sei, denn es würde ihr wenig ausmachen die Welt zu verlassen, weil sie wisse, dass ihr Vater gut für sein Kind sorgen würde. Dennoch könne man nie wissen, wie sich die Dinge später einmal entwickelten. Als reine Vorsichtsmaßnahme wolle sie Muali aus diesem Grund eine Kuh zum Geschenk machen, und zwar die älteste Kuh, die sie besaßen, die Kuh, die bereits bei ihren Eltern, also Mualis Großeltern, im Stall gestanden hatte. Dieses Rindvieh sei eine ganz besondere Kuh, ein Familienerbstück sozusagen, und würde Muali stets zur Seite stehen. Schließlich könne Muali mit dieser Kuh

reden, wenn sie Hilfe brauchte. „Du musst jedoch versprechen, dass du das Geheimnis wahrst und niemandem – auch
nicht deinem Vater – davon erzählst. Sonst erzürnst du die
Ahnen, und der Zauber ist gebrochen!", ermahnte sie ihre
Tochter.

„Aber Mutter, wie soll ich mit einer Kuh reden können?",
wunderte sich Muali. Die Mutter entgegnete: „Mein Kind, vertraue mir und vergiss nie, was ich dir heute gesagt habe. Wenn
du in Not bist, wirst du schon die richtigen Worte finden, und
die Kuh wird dich verstehen und dir helfen. Ich selbst habe
ihren Zauber nie in Anspruch nehmen müssen, weil es mir bei
deinem Vater immer gut ging und ich mit euch immer glücklich war!"

Bereits wenige Wochen später verstarb die Mutter. Jetzt waren
Muali und ihr Vater mit den Tieren allein. Muali unterstützte
ihn so gut sie konnte. Aber sie war noch keine zehn Jahre
alt und konnte unmöglich die volle Arbeitskraft der Mutter
ersetzen. Dabei stellte sie sich sehr geschickt an, wenn sie beispielsweise die Kühe und Ziegen melkte oder Feuer machte.

Dennoch sah der Vater nur ungern, wie sich seine kleine
Tochter abrackerte und beschloss, sich eine neue Frau zu suchen. Es würde zwar nicht einfach werden, ein zweites Mal
eine so schöne und fleißige Frau wie Mualis Mutter zu finden,
aber er wollte es auf jeden Fall versuchen. Ihm schien Eile
geboten.

In einer hellen Vollmondnacht ging Mualis Vater dem Klang
von Trommeln und Gesang entgegen. Die Musik kam nicht
aus ihrem Dorf, sondern aus dem Dorf, das unmittelbar vor

den Dünen lag, also Richtung Ozean. Vielleicht würde er dort eine passende Frau kennenlernen. Er durfte keine Möglichkeit unversucht lassen. Die Nächte waren schon so lange einsam.

Kaum hatte man Mualis Vater entdeckt, wie er zunächst aus einiger Entfernung hinter einer Palme das ausgelassene Treiben beobachtete, packte man ihn an den Schultern und brachte ihn, ohne viel Federlesen zu machen, zu der Gruppe der Tanzenden. Der stolze Mann erregte sofort die Aufmerksamkeit der Dorfbewohner. „Das muss der schöne Mann mit den vielen Rindern aus dem Nachbardorf sein, dessen Frau vor Kurzem verstarb und eine kleine Tochter zurückließ", sprachen sie zueinander. Sogleich hieß man ihn mit einem Kokosschnaps willkommen und bat ihn, ihr Gast zu sein. Besonders drei junge Männer zeigten plötzlich großes Interesse an Mualis Vater, hatten sie doch jeweils eine unverheiratete Schwester, die sie mit ihm zu verkuppeln gedachten.

Der erste holte alsbald seine schüchterne Schwester herbei und übergab sie dem tanzenden Fremden. „Hier, schau dir mal meine schöne Schwester an, sie ist eine gutmütige und fleißige Frau!", brüllte er Mualis Vater ins Ohr, um die Trommeln und den Gesang übertönen zu können. Der hätte seiner ersten Bewerberin ja gerne in die Augen geschaut, was aber nicht so einfach war, da dieses schüchterne Ding vor lauter Scham stets nach unten auf den Boden starrte. Zu klein war sie ohnehin, und zudem ziemlich füllig um die Hüften. Nun ja! Er musste sich ja nicht gleich entscheiden. Er ließ die Kleine stehen und zog es vor, einen weiteren Kokos-Schnaps zu sich zu nehmen.

Und da wurde ihm auch schon die nächste Kandidatin lauthals vorgestellt: „Hier, schau mal, meine schöne Schwester, sie wird deiner Tochter eine gute Mutter sein und ist darüber hinaus eine perfekte Hausfrau!" Sie war zwar nicht so schön wie Mualis Mutter, aber in der Tat eine äußerst attraktive Frau von schlanker Gestalt. Sicherlich würde sie ihm auch noch weitere Kinder schenken, dachte er so bei sich. Aber leider fehlte ihr ein Zahn, wenn sie lächelte. Er wollte sich nicht ausmalen, eine Frau mit Zahnlücke küssen zu müssen.

Schließlich pries ihm der dritte Dorfbewohner seine Schwester an: „Hier Fremder, schau mal, meine schöne Schwester, sie ist eine sehr erfahrene Landwirtin und geschäftstüchtig obendrein. Sie weiß die Früchte ihrer Arbeit gewinnbringend zu verkaufen." Ja, auch nicht übel, dachte Mualis Vater. Aber ihm gefielen ihre rauen und an Schnitten und Schwielen reichen Hände nicht. Er konnte sich nicht vorstellen, von solchen Händen zärtlich berührt zu werden.

Mualis Vater schlug alle Vorschläge in den Wind. Irgendwie spürte er, dass die Erinnerung an seine verstorbene Frau noch zu stark war. Er dachte an Muali und wurde sehr wehmütig. Wie gerne würde er ihr eine neue Mutter vorstellen. Jedoch könnte er unmöglich jetzt schon eine Entscheidung treffen.

Der Mond schien noch immer hell, und Mualis Vater machte sich schließlich auf den Heimweg, etwas traurig, da er noch keine Frau gefunden hatte, aber dennoch nicht mutlos. Da trat plötzlich eine weibliche Gestalt aus dem Schatten einer Palme, die ihm schier den Atem raubte. War es das Mondlicht, war es der Kokosschnaps? Ihre Schönheit übertraf selbst die von Mualis Mutter. Diese Augen, diese schönen langen Wimpern, der wollüstige Mund, die weißen Zähne, ihre nicht zu großen und nicht zu kleinen Brüste.

„Fremder! Wie ich hörte suchst du eine Frau für dich und eine Mutter für deine Tochter", sprach sie den noch immer von ihrer Schönheit geblendeten Mann an. „Auch ich bin verwitwet und habe zwei Töchter. Wir sollten uns zusammentun und es miteinander versuchen!", sagte sie mit einer sehr angenehmen und für eine Frau ungewöhnlich tiefen Stimme.

Er konnte sein Glück nicht fassen. Plötzlich war die Welt wieder in Ordnung. Mit einem Schlag hatte er eine neue Familie: eine wunderschöne Frau und somit eine Mutter für Muali, und schließlich zwei Stieftöchter, die zwar etwas älter als Muali waren, aber ihr dennoch liebe Schwestern und Weggefährtinnen sein würden.

Nach einigen Wochen des perfekten Familienglücks beschloss Mualis Vater, eine zusätzliche Arbeit in den Diamantenminen im Süden Afrikas zu suchen. Schließlich waren plötzlich drei Mitesser mehr im Haushalt, deren Mäuler gestopft werden mussten. Die Frauen kämen mit der Landwirtschaft sicherlich auch ohne ihn zurecht.

Sobald jedoch Mualis Vater die Familie verlassen hatte, zeigten die Stiefmutter und ihre beiden Töchter ihr wahres Gesicht. Von Stund an ließen sie Muali die schwere Arbeit verrichten. So war es auch Muali, die täglich die zwölf Kühe bis ans Ende des Dorfes auf die Weide treiben musste. Kehrte sie wieder heim, bekam sie regelmäßig geschimpft, weil sie getrödelt und sich auf der Weide zu lange ausgeruht hätte. Zur Strafe verweigerte man ihr sogar das Essen. Mualis Bitten und Flehen halfen nicht. Immer wieder beteuerte sie, dass sie alle Kühe gewissenhaft beaufsichtigt und darauf achtgegeben hätte, dass alle zwölf Kühe auch genügend fraßen. Aber selbst Mualis Tränen vermochten nicht, das Herz ihrer Stiefmutter oder das ihrer Stiefschwestern zu erweichen. Wann würde endlich ihr geliebter Vater wieder heimkehren?

Als Muali wieder mal mit ihren Kühen auf der Weide war, und sie einen Riesenhunger verspürte – denn schließlich hatte sie den ganzen Tag außer dem spärlichen Frühstück, das aus Salat und einer Kante Brot bestand, noch nichts gegessen –, legte sie sich in den Schatten eines Cashewbaumes und versuchte einzuschlafen.

Wenn sie schlief, dachte Muali, wäre der Hunger sicherlich leichter zu ertragen. Und während sie so durch die Blätter in die Sonne blinzelte, erkannte sie in den Wolken das Gesicht ihrer gütigen Mutter. Und noch ehe sie sich darüber im Klaren war, wie so etwas sein könnte, sprach die Wolke mit der Muali so vertrauten Stimme: „Muali, mein liebes Kind, hast du vergessen, was ich dir sagte, bevor ich starb?"

Zu gerne hätte Muali ihrer Mutter weiterhin zugehört. Aber eine schwere, raue und nasse Zunge, die sie an der Wange spürte, riss sie aus dem Tagtraum. Als sie die Augen aufschlug erkannte sie den großen Kopf der alten Kuh, die ihr von der Mutter geschenkt wurde.

„Ja, liebe Mutter, wie konnte ich dein Geschenk nur vergessen?", jauchzte Muali. „Geliebte Mutter, ich werde es versuchen! Ich werde zu der Kuh sprechen, wie du mir geraten hast!"

Muali umklammerte zärtlich den Hals der Kuh und strich ihr immer wieder über den Kopf. Dann schluchzte sie schließlich: „Ich habe Hunger, ich habe so entsetzlich viel Hunger!"

Die Antwort der Kuh, die angeblich sprechen konnte, war

jedoch nur ein laut vernehmbares „Muuuh!" Das war ja klar, von wegen eine Kuh, die sprechen kann. Als sich das enttäuschte Kind jedoch umdrehte, erblickte es dort unter dem Cashewbaum einen reichlich gedeckten Tisch. Muali konnte es nicht fassen: süße Früchte, Tomaten und gebratene Hähnchenschenkel, dazu ein Krug klaren Wassers.

Muali aß sich seit langer Zeit mal wieder richtig satt und kehrte frohen Mutes mit den Kühen nach Hause. Wie in den vergangenen Wochen wurde Muali von den beiden Stiefschwestern und der bösen Stiefmutter mal wieder nach Herzenslust ausgeschimpft, und wie jeden Abend sollte sie ohne Abendessen einschlafen. Aber heute war ihr das egal. Sie war satt, und nur das zählte in diesem Augenblick. Aber sie wollte natürlich nicht, dass man ihr das ansah. Vorsichtshalber setzte sie also eine leidende Miene auf, damit die drei Hexen keinen Verdacht schöpften.

Noch Wochen lang bescherte der Zauber der alten Kuh Muali täglich einen gedeckten Tisch. Sie kam immer später nach Hause. Sie würde so oder so ausgeschimpft werden, dachte sie, ob sie nun zeitig oder spät heimkehrte. Also ließ sich Muali nach dem Essen immer viel Zeit und ruhte unter dem schattigen Cashewbaum, bevor sie den Heimweg antrat. Dort fühlte sie sich ihrer Mutter sehr nahe, war es doch genau unter diesem Baum, von wo ihr in den Wolken das Gesicht ihrer Mutter erschienen war.

So langsam kam es den zwei Stiefschwestern und der Stiefmutter seltsam vor, dass sich Muali nie beschwerte und dass sie nie nach Essbarem bettelte. Zu dumm aber auch! Wenn das Opfer sich nicht wie erwartet verhält, macht das Quälen eigentlich keinen Spaß mehr. Dabei versuchte Muali stets, nicht allzu glücklich auszusehen. Aber ansonsten wehrte sie sich nie und ertrug die Schimpftiraden. Doch weil Muali immer später nach Hause kam, vermuteten die drei, dass sie vielleicht irgendwo in der Nachbarschaft etwas zu essen bekäme.

Die Stiefmutter trug ihren Töchtern auf herauszufinden, wo sich Muali immer so lange aufhielt und ob sie irgendwie an Essbares herankommen könnte.

Am nächsten Tag folgten die drei Stiefschwestern Muali unauffällig, als sie sich mit den Kühen zur Weide aufmachte. Zunächst konnten sie nichts Auffälliges feststellen. Sie ließen Muali nicht aus den Augen. Als die Sonne hoch am Himmel stand und die Hitze immer unerträglicher wurde, beobachteten sie jedoch, wie sich Muali mit der ältesten Kuh unter den schattigen Cashewbaum zurückzog und zu ihr sprach: „Liebe Kuh, ich habe Hunger, ich habe entsetzlich viel Hunger!" Verblüfft sahen sich die zwei Schwestern an und sagten: „Was soll das denn bedeuten? Ist Muali nun verrückt geworden? Das dumme Ding spricht mit einer Kuh!", kicherten sie. Umso verwunderter waren sie, als sich plötzlich vor ihren Augen ein Tisch mit den leckersten Gerichten, die der Busch zu bieten hatte, deckte.

Schnell liefen sie ins Dorf zurück und berichteten aufgeregt ihrer Mutter, was sie gesehen hatten. Zunächst wollte die Mutter ihren Töchtern nicht glauben. Doch nachdem die beiden Mädchen immer wieder beteuerten, dass sie die volle Wahrheit gesagt hätten, schenkte sie der Geschichte Glauben.

„Liebe Kinder", sprach die Mutter, „macht euch keine Sorgen! Ich werde mir schon etwas einfallen lassen! Wir dürfen nun nicht überstürzt handeln. Wir müssen geduldig sein und den rechten Zeitpunkt abwarten!" Muali sollte nicht merken, dass die Stiefschwestern und deren Mutter ihr Geheimnis entdeckt hatten. Sie ließen also Muali nach wie vor mit den Kühen auf die Weide ziehen und schimpften sie abends wie gewohnt aus und verweigerten ihr das Abendessen.

Einige Wochen später kehrte Mualis Vater zurück. Er war glücklich, seine kleine Familie wiederzusehen, schenkte einer jeden einen glitzernden Diamanten und schloss alle herzlich in seine Arme. Besonders Muali drückte er ganz fest an sich und liebkoste sie. Da fing das kleine Mädchen plötzlich an zu weinen und benetzte das Hemd ihres Vaters mit ihren Tränen. „Muali, mein liebes Kind, was ist geschehen?", fragte er besorgt. Aber Muali konnte vor lauter Tränen nicht sprechen und klammerte sich nur noch fester an ihren Vater. Dieser dachte, das sei die unsagbare Freude, dass er endlich wieder zurückgekehrt sei. Er wollte seine Tochter nicht drängen und dachte sich, dass Muali schon von alleine anfinge zu erzählen, sobald sie sich wieder erholt hätte.

Die böse Stiefmutter hatte indes eine glänzende Idee, wie sie Muali tief ins Mark treffen könnte. Sie schlug ihrem Ehegemahl vor, ein großes Fest zu veranstalten. Seine Rückkehr und sein Erfolg in der Diamantenmine müsse gebührend gefeiert werden. Natürlich müsse eine Kuh geschlachtet werden, damit auch alle Gäste satt würden. Der Vater war damit einverstanden. Allerdings fragte er seine Frau, welche Kuh denn geschlachtet werden solle. Ohne lange zu zögern sagte sie: „Natürlich schlachten wir die älteste Kuh. Die gibt sowieso keine Milch mehr!" Der Vater befürwortete die Idee seiner

Frau. Er konnte ja nicht ahnen, was die Kuh für seine Tochter Muali bedeutete, da ihm seine verstorbene Frau nie etwas darüber erzählt hatte. Jetzt brach Muali ihr Schweigen: „Vater, Vater, du darfst diese Kuh nicht schlachten, nicht diese Kuh. Sie war uns immer eine gute Kuh. Das hat sie nicht verdient!" Muali weinte fürchterlich. Die geschickte Stiefmutter allerdings tröstete Muali zum Schein vor den Augen ihres Mannes und sagte laut: „Muali, weine doch nicht! Kühe sind auf der Welt, um irgendwann für uns Menschen geschlachtet zu werden. Früher oder später würde die Kuh ohnehin sterben. Es ist nun mal Brauch, dass man für ein großes Fest eine Kuh schlachtet!"

Es brach dem Vater das Herz, als er seine kleine Muali so bitterlich weinen sah. Erleichtert stellte er jedoch fest, dass seine Frau Muali so mütterlich tröstete. Für einen Moment dachte er nämlich schon, Muali würde sich mit ihrer neuen Mutter nicht verstehen.

Die raffinierte Stiefmutter erklärte ihrem Mann, dass das für Kinder immer schwer sei, wenn ein Tier geschlachtet würde. Aber schließlich müsse auch Muali irgendwann erwachsen werden. Da musste der Vater ihr allerdings Recht geben. Er konnte ja nicht ahnen, was in den vergangenen Monaten hier vor sich ging. Und Muali konnte ihm noch nicht einmal die ganze Wahrheit erzählen, da sie ihrer Mutter seinerzeit das Versprechen gab, das Familiengeheimnis nicht preiszugeben, um die Ahnen nicht zu erzürnen, und damit kein Unglück über sie und ihre Nachkommen hereinbräche. So klagte sie nur ihr halbes Leid und erzählte dem Vater, dass die Stiefmutter und ihre zwei Töchter von Grund auf böse seien und dass sie nach einem anstrengenden Tag mit den Kühen auf der Weide immer ausgeschimpft würde und nie etwas zu essen bekäme. Der Vater hatte allerdings wirklich Mühe das zu glauben und sagte zu Muali: „Mein liebes Kind, wie kann das sein? Du bist kräftiger denn je! Ich glaube du schwindelst, weil du deinen Kopf durchsetzen und verhindern willst, dass die Kuh geschlachtet wird. Aber das wird dir nicht gelingen. Deine Stiefmutter ist eine kluge Frau und weiß, was sie tut. Später wirst du darüber lachen! Du wirst sehen."

In ihrer Verzweiflung lief Muali zu dem Grab ihrer Mutter. Sie hoffte, dass sie vielleicht von ihrer toten Mutter einen Ratschlag bekommen könnte. Und als sie sich vor das Grab kniete, erkannte sie in den Wolken am Horizont das gütige Antlitz ihrer Mutter! Jetzt wird alles gut, dachte sie. Und in der Tat. Sie konnte hören, wie die Mutter zu ihr sprach: „Mein liebes Kind, bitte deinen Vater nur um einen einzigen Zahn der Kuh. Diesen Wunsch wird er dir nicht verwehren. Du bringst den Zahn hierher und wirst ihn an meiner Grabstelle einpflanzen. Sei guten Mutes!"

Das Fest war in vollem Gange, als Muali zurückkehrte. Niemand hatte bemerkt, dass sie überhaupt weg war. Alle waren froh und ausgelassen. Muali nutzte die Gunst der Stunde und bat den Vater, ihr doch als Andenken an ihre Lieblingskuh wenigstens einen Zahn aus dem Gebiss der Kuh zu brechen. Wenn es sonst nichts ist, dachte der Vater. Nur die böse Stiefmutter wurde misstrauisch und witterte Gefahr. Sie wusste ja von dem Geheimnis und dem seltsamen Zauber – was sie ihrem Mann natürlich nicht erzählen konnte – und versuchte, Mualis Vater davon abzuhalten. Den Wunsch wollte er seiner Tochter dennoch gerne erfüllen. Da gab es kein Wenn und kein Aber!

Der Vater war froh, ihr mit diesem erbärmlichen Zahn eine große Freude gemacht zu haben. „Sieh nur Weib!", sprach er zu seiner Frau, „wie Muali sich freut. Es tut so gut, meine kleine Muali so froh zu erleben!" Die Stiefmutter war außer sich vor Wut. Sie war so wütend, dass sie nichts mehr sagen konnte und nur noch die Lippen fest zusammenpresste. Stampfend eilte sie davon.

Die Tage vergingen, und Muali hatte fast vergessen, dass ihre Stiefmutter und Stiefschwestern böse Menschen sind, denn solange der Vater zuhause war, ging es ihr sehr gut. Dennoch war sie äußerst vorsichtig. Wenn die bösen Schwestern und die Stiefmutter hinter das Geheimnis mit der Kuh gekommen sind, dachte sie, würden sie auch schnell herausfinden, dass es mit dem Zahn etwas auf sich haben könnte. Deswegen beschloss sie, den Zahn zunächst gut zu verstecken und erst bei passender Gelegenheit auf dem Grab einzupflanzen.

Muali hatte schon so oft in ihrem Leben schmerzhafte Trennungen und Abschiede erfahren müssen, der Tod der Mutter, der Abschied des Vaters, der Tod der Kuh und nun erneut der Abschied des Vaters. Ihr Vater beschloss wieder für einige Zeit in den Süden Afrikas zu gehen, um in den Diamantenminen Geld zu verdienen. Seine Tochter glaubte er nach wie vor in guter Obhut. Es zerriss Muali das Herz, als der Vater sich mit seinem Reisebündel wieder auf den Weg machte. Das einzige, was ihr Halt gab, war der Zahn der Kuh, den sie in den vergangenen Tagen völlig vergessen hatte, da es ihr gutging. Doch nun musste Muali handeln und endlich den Zahn auf dem Grab der Mutter einpflanzen.

Auch die bösen Schwestern und die erst recht gemeine Stiefmutter dachten nicht mehr daran, dass da noch irgendwo der Zahn von dieser Zauberkuh war. Und so gelang es Muali bereits am nächsten Tag nach der Abreise des Vaters, den Zahn in die Erde zu vergraben, wo ihre Mutter ruhte. Täglich ging sie fortan am Grab der Mutter vorbei, wenn sie mit den Kühen heimwärts zog, und verweilte dort einen Augenblick. Das gab ihr die nötige Kraft, die Demütigungen der Sippschaft zuhause zu ertragen.

Aber irgendwann ist es einfach genug. Muali spielte immer häufiger mit dem Gedanken, ihr Zuhause zu verlassen. Von ihrem Vater gab es bereits seit Monaten kein einziges Lebenszeichen mehr. Sie fühlte sich völlig einsam und beschloss, ihr Schicksal selbst in die Hand zu nehmen. Sie konnte sich nicht vorstellen, dass es irgendwo sonst auf der Welt schlechter sein würde, als hier bei dieser bösen Stiefmutter. Bei der nächsten Gelegenheit würde sie sich auf und davon machen. Nur wie sollte sie das anstellen, wo sollte sie hin?

Eines Tages beschloss sie zum Strand zu laufen, dorthin, wo sie mit ihrer Mutter früher oft nach kleinen Krebsen gesucht hatte. Die Kühe ließ sie einfach auf der Weide zurück. Am Strand hockte sie lange Zeit im Sand und blickte sehnsüchtig in die Ferne. Dieses weite Meer lud zum Träumen ein. Was würde sich wohl hinter dem Horizont befinden, dort wo das Wasser zu Ende ist? Muali schlief ein. Ihr träumte, dass die Mutter zurückkäme und sie mit in das Reich der Ahnen nehmen würde. Dort wäre sie nicht mehr so allein.

Als Muali erwachte, war es stockfinster um sie herum. Wolken verhängten die sonst so hellen Sterne. Sie hörte nur das Rauschen der sich brechenden Wellen. Sonst nichts. Sie fürchtete sich sehr und fror. Sie wagte es nicht, ihren Sitzplatz zu verlassen, da sie auch nicht wusste, wo sie in der Dunkelheit hätte hinlaufen sollen. Aber schon bald stieg genau an der Stelle, wo sie das Ende des Meeres vermutete, die Sonne aus dem Wasser empor. Einen solchen Sonnenaufgang hatte sie noch nie zuvor erlebt. Die ersten Fischer kamen mit ihren Netzen über dem Arm und besetzten die Boote, mit denen sie hinaus aufs Meer wollten. Jetzt fühlte sie sich nicht mehr allein. Und schon bald war die Sonne ganz zu sehen und begrüßte den neuen Tag mit Licht und Wärme.

Als Muali wieder ihren Blick in die Ferne schweifen ließ, waren die kleinen Fischerboote bereits verschwunden. Jedoch erkannte sie am Ende des Meeres ein Schiff mit großen Segeln, das sich von links nach rechts in ihr Bild schob. Noch niemals zuvor hatte sie ein Schiff solchen Ausmaßes gesehen. Irgendwann schien das Schiff nicht mehr weiter zu wollen. Stattdessen bemerkte sie viele kleine Boote, die plötzlich vor der Kulisse des großen Segelschiffes auftauchten und mit mehreren Menschen besetzt waren. Aber es sind nicht die Fischerboote, die heute Morgen in See stachen, dachte sie. Diese Boote sehen anders aus.

Nachdem die fremden Männer an Land gekommen waren, versteckte sie sich hinter einem der Boote, die die Fischer am Morgen zurückgelassen hatten. Die Fremden sahen eigentlich ganz friedlich aus. Sie sprachen zwar eine Sprache, die sie nicht verstand, aber sie schienen lustige Gesellen zu sein, etwas laut, aber lustig. Plötzlich wurde Muali von Fernweh gepackt. Wo diese Männer wohl herkamen, fragte sie sich? Auf diesem großen Schiff wäre bestimmt noch Platz für sie. Aber wie käme sie dorthin? Das alte Fischerboot, hinter dem sie sich gerade versteckte, ohne Hilfe ins Wasser zu bekommen, war undenkbar.

Muali beschloss zu schwimmen. Das war ihre einzige Chance. Sie schlang das Tuch ihrer Kapulana um den Kopf, damit sie besser schwimmen konnte. Obgleich sie noch nie zuvor in ihrem Leben eine solch lange Strecke schwimmend zurückgelegt hatte, erreichte sie schließlich völlig erschöpft das große Schiff, das sich plötzlich mächtig wie eine Festung vor ihr aufbaute. Sie hielt sich wacker an einem Tau fest. So riesig hatte sie sich das Schiff nicht vorgestellt. Muali hatte absolut keine Kraft mehr, an der Schiffswand hochzuklettern. Also beschloss sie, sich zunächst auszuruhen. Und während sie so an der Schiffswand hing, bemerkte sie, dass die fremden Männer wieder an den Strand zurückkehrten, ihre Boote ins Wasser schoben und schließlich wieder Richtung Schiff ruderten. Nun musste sie sich beeilen. Zum Glück war das Holz des Schiffrumpfes so dunkelbraun wie sie selbst. So würde man sie nicht so leicht erkennen, wenn sie versuchte in das Schiff zu klettern. Mit Hilfe des Taus zog sie sich die glitschige Holzwand des Schiffes hoch, hangelte sich geschickt über die Reling und plumpste wie ein nasser Sack auf das Deck.

Muali sah zurück an den Strand und stellte fest, dass die Männer ein gutes Stück näher gekommen waren und bald das Schiff erreichen würden. Plötzlich erschrak sie vor ihrem eigenen Mut und begann zu weinen, vor allem auch, weil sie an ihren Vater dachte, der sich schon so lange nicht mehr um sie gekümmert hatte. Aber jetzt gab es kein Zurück mehr. Sie würde nun ihre Heimat verlassen, vielleicht für immer.

Es dauerte nicht lange, bis man Muali in ihrem Versteck unter zerschlissenen Segeltüchern entdeckte. Da war das Schiff

bereits auf hoher See. „Nun schau sich das mal einer an!",
riefen die Seemänner, „hier hat sich doch tatsächlich ein hübsches Täubchen an Bord geschmuggelt", freuten sie sich.

Da Muali noch immer nackt war, wollte sie rasch ihre Kapulana wieder um die Hüften binden. Doch die Seemänner wollten ihren Spaß, nahmen ihr das bunte Tuch weg und warfen es sich über Mualis Kopf hinweg zu, während Muali im Kreis von einem zum anderen lief, in der Hoffnung, einen Zipfel ihrer Kapulana fassen zu können. Das Gelächter war groß. Es kam schließlich nicht alle Tage vor, dass sich ein so hübsches Mädchen auf dem Schiff verirrte.

Der Kapitän wurde von dem lauten Spektakel von seiner Koje aufgeschreckt, auf der er sich gerade ausruhte. Wütend ging er an Deck und brüllte: „Was ist denn hier los? Seid ihr alle verrückt geworden?" „Nein, Senhor, sehen Sie doch nur, wir haben ein neues Spielzeug!", antwortete einer der Seemänner. Man warf Muali ihre Kapulana zu, die sie sich rasch umband. Ehrfürchtig kniete sie vor dem Mann nieder, der offensichtlich das Sagen hatte, und flehte weinend um Hilfe. Doch niemand verstand, was sie sagte, niemand sprach Mualis Sprache. Der Kapitän deutete ihr aufzustehen. Er traute seinen Augen nicht. Selten sah er ein so liebreizendes Wesen. Gütig und beschützend legte er seinen Arm um Muali. Fortan stand sie unter dem persönlichen Schutz des Kapitäns und niemand traute sich, ihr auch nur ein Haar zu krümmen. Als das Schiff schließlich seinen heimischen Hafen erreichte, nahm er das Mädchen in seinem Hause auf. Der Kapitän war ein reicher Mann und hatte Mägde und Knechte, die seine Felder bestellten und sich um Haus und Hof kümmerten. Nun sollten sie sich auch um Muali kümmern.

Die Jahre gingen dahin, und Muali wurde von Tag zu Tag schöner. Sie war glücklich. Seit langer, langer Zeit fühlte sie sich wieder geborgen. Eines Tages beschloss der Kapitän, Muali zur Frau zu nehmen. Sie gebar ihrem Mann drei Kinder, ein kleines Mädchen und zwei Buben. Nur ab und an dachte sie an ihre Kindheit und ihr Zuhause und an die schöne Zeit, bevor ihre Mutter starb. Dann änderte sich stets ihre Stimmung, und sie konnte oft den ganzen Tag nichts essen. An solchen Tagen sorgte sich ihr Mann immer sehr und verwöhnte sie umso mehr. Da Muali mittlerweile die Sprache ihres Ehemannes sprach, erzählte sie ihm schließlich ihre traurige Geschichte und dass sie sich nichts

sehnlicher wünschte, als ihren Leuten einen Besuch abzustatten.

Gerne erfüllte der Kapitän seiner Frau diesen Wunsch. Bei seiner nächsten Schiffsreise in den Süden nahm er Muali mit an Bord. Die Kinder ließen sie bei seiner Familie zurück. Als sie nach vielen Tagen und Nächten endlich die Küste erreichten, wo Muali einst vor ihren Stiefschwestern und deren Mutter floh, schlug ihr Herz gewaltig und drohte ihr aus der Brust zu springen.

Unter die Freude mischte sich auch Angst. Würde ihre Stiefmutter noch leben, würden die bösen Stiefschwestern noch im Dorf wohnen oder gar verheiratet sein? Wäre ihr Vater zurückgekehrt, wenn er denn überhaupt noch lebte?

Am Strand warteten viele Frauen aus dem Dorf auf die Rückkehr der Fischerboote. Sie saßen auf Bastmatten und vertrieben sich die Zeit mit dem Flechten von Körben oder ihrer Haare. Ihre Kinder spielten im Sand. Die Kinder waren es auch, die plötzlich am Horizont die Silhouette des großen Segelschiffes entdeckten, auf dem Mualis Ehemann der Kapitän war. Aufgeregt berichteten sie ihren Müttern: „Mama schau, schau doch, da, da hinten, ein riesiges Boot!"

Wie einst Muali überwältigt, bestaunten nun die Frauen dieses seltene Schiff. Plötzlich entdeckten sie viele kleine Boote, die sich dem Strand näherten. Aber es waren nicht die Fischerboote ihrer Männer, sondern die Ruderboote des Segelschiffes, die Muali und die Besatzung an Land brachten.

Besonders das eine Boot, das die Mitte der Flotte einnahm, erweckte die Aufmerksamkeit der Frauen: Bereits aus der Ferne wurden sie einer göttlichen Gestalt gewahr, die in leuchtend goldgelbe Gewänder gehüllt war und aufrecht im

Boot stand. Die prächtigen Stoffe flatterten im Wind. Um den Hals und an den Handgelenken funkelten goldene Reifen und Ketten. Man konnte gar nicht anders, als stets dieses Boot im Blick zu behalten. „Wer mag das sein?", wunderten sich die einen. „Sie ist sicherlich eine mächtige Königin!", sprachen die anderen. Und in der Tat hatte es etwas Majestätisches, wie der Kapitän seine prächtig gekleidete Frau aus dem Boot hob und dafür sorgte, dass sie trockenen Fußes an Land kommen konnte. Die Leute am Strand waren schier geblendet von der strahlenden Schönheit der Fremden. Niemand erkannte Muali, die vor vielen Jahren einfach spurlos verschwunden war. Wahrscheinlich hielt man Muali für tot und hatte sie längst vergessen.

Mittlerweile waren auch die übrigen Dorfbewohner über den ungewöhnlichen Besuch informiert und liefen zur Dorfmitte, um die fremde Königin und den König zu begrüßen. Auch der Häuptling und die Dorfältesten standen bereit und empfingen die Fremden mit gebührender Hochachtung. Spontan fingen die Menschen an zu singen und zu trommeln. Tänze wurden aufgeführt. Essen wurde gereicht. Dabei wusste erstens noch niemand, wer die beiden waren und zweitens, was sie überhaupt wollten. Aber Hauptsache, es gab mal wieder einen Anlass für ein schönes Fest.

Die vermeintliche Königin und ihr Gemahl ließen sich dies gerne gefallen. Die Königin indes hielt immer wieder Ausschau nach ihrer Familie. Einerseits enttäuscht, andererseits erleichtert stellte Muali fest, dass ihre Stiefschwestern mit ihrer Mutter nicht unter der Dorfbevölkerung ausfindig zu machen waren. Aber auch ihren lieben Vater konnte sie nirgendwo entdecken.

Der Häuptling erhob sich von seinem Stuhl und gebot den Tänzen und Gesängen Einhalt. Er sprach zu dem Kapitän: „Seid willkommen in unserem Dorf. Doch erlaubt mir die Frage, was euch zu uns führt?" Muali ergriff das Wort und antwortete: „Dieser Fremde spricht eure Sprache nicht. Aber ich kann euch gerne eine Antwort geben, denn ich bin hier geboren und bin gekommen, um das Grab meiner lieben Mutter zu besuchen, und meinen Vater, wenn er noch lebt. Ich bin Muali!"

Ein Raunen ging durch die Dorfbevölkerung und aus der Menge konnte man von drei Frauen laute Schreie des Entsetzens vernehmen. In diesem Moment erkannte Muali ihre bösen Stiefschwestern und die böse Stiefmutter. Diese schrie alsbald: „Sie ist eine Hexe, sie bringt nur Unglück über uns! Vertreibt sie!"

Ein alter Mann jedoch hieß die Frau zu schweigen und bahnte sich einen Weg durch die Menge. Es war Mualis Vater, der sein Glück gar nicht fassen konnte, endlich seine geliebte Tochter wieder in die Arme schließen zu können. Sie umarmten sich lange. Der Kapitän war froh, seine Frau so glücklich zu sehen. „Lass uns gemeinsam das Grab deiner Mutter besuchen!", sprach der Vater, und unter Applaus und Freudenschreien begleiteten die Dorfbewohner die beiden. Nur die bösen Stiefschwestern und deren Mutter blieben zurück.

Den Weg zum Grab fand Muali auf Anhieb. Aber sie erkannte das Grab ihrer Mutter fast nicht mehr. Auf dem Grab war im Laufe der Jahre aus dem Zahn der Kuh, den Muali einst in die Erde der Grabstätte gab, ein Baum gewachsen, dessen Blätter aus purem Gold waren. Der Häuptling sprach: „Wir sind ein armes Volk. Und schon häufig haben die Menschen versucht, die goldenen Blätter dieses Baumes zu pflücken. Aber es wollte niemandem gelingen.

Da antwortete Muali: „Mir wird es gelingen, denn ich habe diesen Baum gepflanzt, und ich werde euch alle reich beschenken. Das dürfte dann auch als Beweis dafür dienen, dass ich keine böse Hexe bin!", sprachs und pflückte ein Blatt nach dem anderen vom Baum und verteilte es an die Menschen. Für Muali selbst war das schönste Geschenk, dass sie ihren Vater wieder sah. Das hätte man mit Gold nicht aufwiegen können.Man kehrte zum Dorfplatz zurück und setzte das Fest fort. Bis tief in die Nacht wurde gefeiert.

Am nächsten Morgen sprach der Vater zu seiner Tochter: „Liebe Tochter, ich schäme mich dafür, was ich dir in deiner Kindheit angetan habe. Ich nehme dir nicht übel, wenn du mich hasst. Aber glaube mir, ich wusste nicht, was ich tue. Deine böse Stiefmutter hatte mich mit ihrer Schönheit einfach verhext. Du musst mir verzeihen, damit ich meinen Frieden finden kann. Ich hätte eine der Frauen nehmen sollen, die mir damals im Dorf hinter den Dünen vorgestellt wurden. Eine dieser Frauen wäre dir bestimmt eine bessere Mutter gewesen. Aber die eine war mir zu klein, die andere hatte eine Zahnlücke, die dritte hatte zu raue Hände. Keine war mir gut genug. Dafür habe ich bezahlen müssen. Die letzten Jahre waren die Hölle. Am schlimmsten aber war, dich verloren zu haben. Und nun werde ich dich ein zweites Mal verlieren."

„Nein, lieber Vater", antwortete Muali, „du wirst mich nicht nochmals verlieren. Ich hasse dich nicht und verzeihe dir. Lass' die Weiber hier zurück. Sie sind alt genug, um selbst auf sich aufzupassen. Komm mit mir und meinem Mann und lebe fortan mit uns und deinen Enkelkindern!"

44

Als er hörte, dass er Enkelkinder habe, fiel er vor seiner Tochter auf die Knie und umschlang ihre Beine. Der alte Mann war überglücklich über das Angebot seiner Tochter und stieg, ohne den drei Hexen Lebewohl zu sagen, mit Muali in eines der Boote, das ihn zu dem großen Schiff und einem neuen Leben brachte.

46

„Jeder erwirbt Besitz - weise ist, wer seinen Besitz wahren kann."

Der Mann namens Ngale

Es war einmal ein Mann namens Ngale, der mit seiner Frau Uhangui in der kleinen Stadt Morrumbene in Mosambik wohnte. Ngale war ein äußerst unangenehmer Zeitgenosse, der mit sich und der Welt nicht zufrieden war und der sich selbst und seinen Mitmenschen das Leben schwermachte.

Zu seinen übelsten Eigenschaften zählte sein grenzenloser Neid auf alle, die mehr hatten. Er konnte es nicht ertragen, weniger als andere zu haben. Selbst bei der Wahl des Weibes wollte er der Erfolgreichste sein. Es ist zu bezweifeln, dass er Uhangui wirklich liebte. Nein, er wollte sie besitzen, weil sie die Schönste der ganzen Stadt war und weil ein jeder um ihre Gunst warb. Wie man ihn bewundern und beneiden würde, wenn er mit Uhangui ausginge, hatte er sich vorgestellt. Allerdings waren die Leute ärgerlich, dass dieses Großmaul es mal wieder geschafft hatte, der Erste zu sein. Außerdem bedauerten sie sehr, dass eine so kluge und schöne Frau wie Uhangui auf Ngale hereingefallen war. Jedoch gab es auch welche, die sagten, dass ihr dies recht geschähe, da sie es doch nur auf sein Vermögen abgesehen hätte. Sein beträchtlicher Reichtum rührte übrigens von seiner langjährigen Arbeit in einer Goldmine im Süden Afrikas her.

Uhangui lebte, von außen betrachtet, eigentlich ein beneidenswertes Leben, trug sie doch immer die schönsten Gewänder, die sie sich eigens nähen ließ, und teure Schmuckstücke. Aber in ihrem Inneren war sie eine zutiefst unglückliche Frau. Gerne hätte sie ihrem Gemahl Kinder geschenkt. Aber Ngale wollte keine Kinder, die ihn nur Geld kosten würden und für die er Verantwortung übernehmen müsste.

Darüber hinaus lebte er in ständiger Angst, dass man ihn seiner Besitztümer – einschließlich seines Weibes – berauben könnte. Aber so ist das eben: Je mehr Kostbarkeiten man besitzt, desto größer ist die Sorge um sie. Einerseits genoss Ngale die staunenden Blicke fremder Männer auf seine Frau, andererseits verstimmte es ihn jedoch.

Ngale litt an krankhafter Eifersucht, einem leidenschaftlichen Charakterzug, der dem des Neides eigentlich sehr ähnlich ist. Dabei gab Uhangui ihm nur selten Anlass dazu, da sie nur selten die lüsternen Blicke mit einem schüchternen Lächeln quittierte. Natürlich genoss sie die Aufmerksamkeiten der Männer, viel mehr als die Gewänder und Schmuckstücke, die ihr Ngale zukommen ließ. Kann man es ihr verdenken?

Ngale dagegen war der Ehepartner, der es mit der Treue nicht so genau nahm. Gerne umgab er sich mit schönen Frauen, die er stets sehr großzügig behandelte – was ihm an Liebenswürdigkeit mangelte, glich er mit Geld aus. Uhangui hätte also viel eher Grund zur Eifersucht gehabt.

Das Vermögen Ngales nahm stetig ab. So beschloss er eines Tages, im Süden Afrikas wieder in einer Goldmine Arbeit zu suchen, um die Geldvorräte erneut aufzustocken.

Er bekam eine lohnenswerte Arbeitsstelle. Jedoch fand er, dass er zu hart arbeiten müsse. Er wollte sich weniger müde machen, aber gleichzeitig mehr verdienen. Außerdem bereitete ihm die Tatsache, dass er seine Frau aus der Ferne nicht kontrollieren konnte, zunehmend Verdruss.

Als er sich eines Tages mit Kollegen darüber unterhielt, rieten sie ihm, einen Medizinmann aufzusuchen. Nur ein Medizinmann könne den Grad seiner Unzufriedenheit richtig einschätzen und das passende Mittel zubereiten und verabreichen. Dass er da nicht von alleine drauf gekommen ist, dachte sich Nagale.

Auf dem Markt, in einem primitiven Bretterverschlag, fand Ngale einen dieser viel gepriesenen Naturheiler auf der sandigen Erde vor glimmendem Holz hockend, mit nacktem Oberkörper, lediglich einen ledernen Schurz um die Hüften. Auf der Brust des alten Mannes sah man ein mächtiges Gebinde aus Schlangenhäuten, an dem die seltsamsten Objekte baumelten: Hahnenfüße, Löwenzähne, eine Antilopenpfote, eine getrocknete Eidechse, aus Holz geschnitzte Fratzen, büschelweise getrocknete Kräuter und vieles mehr. Durch Nase, Ohren und Augenbrauen waren Ringe gezogen. Bis auf ein einziges Büschel verfilzter Haare am Hinterkopf, der den Anfang eines geflochtenen Zopfes darstellen sollte, war die Kopfhaut des Mannes freigelegt. Auf den Oberarmen und um die Augen herum entdeckte Ngale viele Ornamente, die der Medizinmann mit weißer Asche und Ziegenblut aufgetragen hatte.

Der Medizinmann rauchte ein Pfeifchen, die Augen halb geschlossen. Ohne aufzuschauen hörte er sich geduldig Ngales Geschichte an und wusste prompt, was gegen diese Art von Kummer zu unternehmen war.

Zunächst bat er Ngale jedoch zur Kasse. Es gäbe nämlich so viele Betrüger heutzutage, da müsse man zu dieser Vorsichtsmaßnahme greifen, erklärte der Medizinmann. Das verstand Ngale gut und griff sofort nach seiner Börse. Er staunte jedoch nicht schlecht, als der Medizinmann den stolzen Preis für seine Dienste nannte, der fast einem Monatsgehalt in der Goldmine entsprach. Aber Ngale sagte sich, dass er nun nicht knauserig sein dürfe. Schließlich verhieße die Medizin die Sicherheit, seine Frau nie zu verlieren und außerdem unendlichen Reichtum, ohne dafür arbeiten zu müssen.

In eine Kokosnussschale rieb der Medizinmann etwas Hühnerkralle und getrocknetes Bohnenkraut und setzte ein kleines Stück von der Holzkohle hinzu, so dass das Gemisch zu glimmen begann, löschte es ab, indem er drei Mal darauf spuckte, und gab Ngale schließlich die Medizin in einem Papiertütchen mit. Zuhause müsse er dieses Medikament in einen frischen Kuhfladen rühren und damit sowohl das Ehebett als auch den Wasserkessel bestreichen. Dann müsse er nur noch abwarten.

Ngale kündigte die Arbeit in der Goldmine und machte sich mit der teuren Medizin auf den Heimweg. Er würde sich nie mehr krumm arbeiten, freute er sich. Schließlich konnte er sich teure Wundermedizin leisten – damit würde er allerdings besser nicht prahlen, nahm er sich vor, sondern es als sein Geheimnis bewahren.

Zuhause angekommen tat er, wie ihm der Medizinmann geraten hatte. Er beobachtete die Kühe auf der Weide und wartete darauf, bis die erste Kuh ihren Schwanz hob und einen warmen Fladen entließ. Von dem noch dampfenden Fladen entnahm er einen Teil, rührte die Medizin unter und schlich sich damit in den Raum, wo er das Lager mit Uhangui teilte.

Jenes Nachtlager präparierte er sorgfältig mit der angerührten Zaubermasse. Anschließend begab er sich in den Raum mit der Kochstelle und bereitete dem Wasserkessel das gleiche Schicksal.

In der ersten Nacht nach Ngales Rückkehr fiel Uhangui auf, dass die ganze Behausung seltsam nach Stall roch. Aber sie machte sich weiter keine Gedanken. Viel auffälliger war, dass ihr Ehegemahl bedeutend besserer Laune schien als sonst. Ngale konnte richtig freundlich aussehen, dachte sie. Sicherlich freut er sich unbändig, wieder zuhause zu sein, gar bei mir zu sein, bildete Uhangui sich ein.

Allerdings währte Ngales Freude und damit sein freundlicher Gesichtsausdruck nicht lange. Denn nach vielen Wochen beharrlichen Wartens begann er zu bezweifeln, dass die teure Medizin wirklich half. Es tat sich nichts. Er wurde weder reicher, noch hatte er das Gefühl, dass seine Frau stärker bewacht wäre und er somit weniger Grund zur Eifersucht hätte, wenn er in der Stadt seinen Vergnügungen nachging. Oder hatte er an irgendeiner Stelle einen Fehler begangen? Allmählich erhärtete sich der Verdacht, dass er einem Scharlatan aufgesessen war. Der wundersame Medizinmann hatte ihn schamlos betrogen. Seine Wut war enorm, seine Stimmung sank von Tag zu Tag. Aber er konnte ja niemandem über den Grund seiner Verstimmung berichten.

Eines Tages beschloss Ngale wieder in den Süden zu reisen, um ein weiteres Mal in einer Goldmine Geld zu verdienen. Und wehe diesem Medizinmann! Wenn er diesen Betrüger zwischen die Finger bekäme, malte sich Ngale aus, dann würde er ihm aber sämtliche Knochen brechen. Vorher würde er allerdings sein hart verdientes Geld zurückverlangen.

Zunächst bemühte er sich also wieder um eine Anstellung in der Goldmine. Doch vergebens. Der Goldminenbesitzer beschimpfte Ngale als treulosen und unzuverlässigen Gesellen. Er hatte Ngale nicht verziehen, dass er ihn vor ein paar Monaten im Stich gelassen und sich Hals über Kopf aus dem Staub gemacht hatte.

Sollte er sich wieder einem Medizinmann anvertrauen, überlegte Ngale? Warum nicht! Er müsse eben einen richtigen Medizinmann aufsuchen, der sein Handwerk versteht.

Den zweiten Medizinmann fand er nicht in einem seltsamen Bretterverschlag, sondern in einem gemauerten Haus. Das machte schon mal einen besseren Eindruck auf Ngale. Außerdem war der Medizinmann in traditionelle Gewänder gehüllt. Um seinen Hals trug er ein einziges Amulett. Mit einem Wort: Der Medizinmann sah seriös aus.

Nachdem er sich Ngales Leid angehört hatte, gab er ihm folgenden weisen Rat: „Mit einer Medizin allein ist es nicht getan. Du kannst nicht verlangen, dass ein Zauber hilft, wenn du nicht bereit bist, selbst etwas zu tun. Du solltest langsam lernen Verantwortung zu übernehmen, nicht nur für dich selbst, sondern auch für andere! Dann werden die Ahnen mit dir sein und dich mit Reichtum belohnen."

Gebannt lauschte Ngale der beruhigenden Stimme des Medizinmannes. Dieser sprach weiter: „Wie kannst du nur einen Menschen beherrschen wollen? Das ist schändlich. Solltest du meinen Rat befolgen, wirst du von deiner Eifersucht befreit werden!"

„Oh, du weiser Mann, sag an! Was soll ich tun?", fragte Ngale. „Übe dich in Geduld, Ngale! Habe Vertrauen zu deinem Weib und weihe sie ein. Du bedarfst ihrer Hilfe. Aber auch sie muss sich in Geduld üben. Denkst du, sie wird dir helfen?" Ngale entgegnete: „Wenn ich meinem Weib gebiete zu helfen und geduldig zu sein, dann wird sie das tun. Du

weißt doch, weiser Mann, wir Männer haben die Macht."
„Nun gut", sprach der Medizinmann, „nimm diesen Hahn mit
in dein Haus und rupfe ihm eine der roten Schwanzfedern aus
seinem Gefieder. Dein Weib soll es dir gleich tun. Dreimal täglich sollt ihr den Hahn mit sauber gestampftem Mais füttern.
Nächtens sollt ihr den Hahn unter euer Bett lassen. Bereits
nach zwei Wochen werdet ihr eine Veränderung merken."

Irgendwie musste Ngale an den ersten Medizinmann und
dessen seltsamen Rat mit dem Kuhfladen denken. Aber dann

wiederum dachte er, je-
mand, der ihm so et-
was Kostbares wie einen
Hahn mitgibt, kann kein
Betrüger sein.

Da staunte Uhangui
nicht schlecht, als ihr Gemahl bereits nach so kur-
zer Zeit wieder zurück
war, blieb er doch sonst
immer Monate weg. Und
dieses Mal hatte er auch
noch jemanden mitge-
bracht: einen Hahn.

„Komm her Weib und
heiße unseren neuen
Mitbewohner willkom-
men!", begrüßte Ngale
seine Frau. „Ein Hahn?
Aber was machen wir mit
einem Hahn?", wunderte

sich Uhangui. „Ich selbst werde für ihn sorgen, und du wirst mir dabei behilflich sein. Dieser Hahn wird uns Glück und Wohlstand bescheren!", entgegnete Ngale. Uhangui zweifelte am Verstand ihres Mannes und begann kräftig zu lachen: „Ein Federvieh, das noch nicht mal Eier legen kann, soll uns Wohlstand bringen? Außerdem leben wir doch nicht schlecht. Was machen wir mit noch mehr Wohlstand?"

Ngale wurde sehr ärgerlich über den Spott seiner Frau und giftete sie an: „Ach, Weib, stelle nicht so viele unnütze Fragen. Du wirst nun das tun, was ich dir auftrage. Hast du mich gut verstanden? Ich werde dem Hahn eine rote Feder aus seinem Schwanzgefieder rupfen. Und anschließend ist es an dir, das Gleiche zu tun."

Uhangui traute sich nicht, eine weitere Frage zu stellen geschweige denn zu lachen. Eilig brachten sie das Federritual hinter sich. Bei lebendigem Leib rupften sie dem Hahn zwei schöne, rote Schwanzfedern aus. Ngale gab ihr weitere Anweisungen: „Wir werden den Hahn dreimal täglich mit Mais füttern, mit gestampftem Mais, das heißt, er soll den sauberen Mais bekommen, keine einzige Schale darf an das Tier verfüttert werden! Sein Nachtlager wird er unter unserem Bett haben." Spätestens jetzt war für Uhangui klar, dass ihr Mann verrückt geworden war.

Artig stampfte sie täglich den Mais in einem Riesenmörser mit einem Riesenstößel, den sie nur mit beiden Händen packen konnte. Anschließend trennte sie sorgfältig das Innere der Maiskörner von ihren Schalen, indem sie den Mais in eine geflochtene Schale füllte und dann darin geschickt, ruckartig wendete, sodass dabei die Hülsen von alleine aus der Schale sprangen. Was für eine aufwändige Prozedur für einen dämlichen Hahn, ärgerte sie sich täglich.

Ngales einzige Aufgabe war es, darauf zu achten, dass der Hahn dreimal täglich von seiner Frau gefüttert wurde und dass das Tier auch unter dem Bett war, wenn die Eheleute sich zur Ruhe begaben. Außerdem trug er die Verantwortung!

〜

So vergingen die Tage ohne das geringste Anzeichen einer Änderung. Aber eines Tages kamen Nachbarn zu Besuch. Und andere Nachbarn kamen, und wieder welche. Nachbarn kamen und gingen. Wie seltsam. Wenn Ngale zuhause war, wollte normalerweise niemand freiwillig zu Besuch kommen. Und das Tollste überhaupt: Die Nachbarn brachten großzügig Geschenke mit, einen ganzen Sack frisch geernteter Erdnüsse beispielsweise, eine Ziege, Hühner, Mais, was die braven Leute eben zuhause hatten und entbehren konnten. Uhangui und Ngale wollten es nicht glauben.

Wenn das so weiter ginge, müsste Ngale in der Tat nie mehr hart arbeiten. Dennoch träumte ihm in einer sternenklaren Nacht, dass er wieder nach Südafrika zurückkehren müsse. Obwohl er nicht vorhatte jemals wieder zu arbeiten, entschloss er sich dennoch, dieser Eingebung zu folgen. Der Traum hatte sicherlich etwas mit den merkwürdigen Begebenheiten zu tun, die sich in den letzten Tagen bei ihm zuhause ereigneten, war er sich sicher. Ngale war viel zu neugierig.

Der erste Mensch, der ihm über den Weg lief, war der Goldminenbesitzer, der ihn noch vor ein paar Wochen beschimpfte und verjagte, als Ngale um eine erneute Anstellung gebeten hatte. Jetzt empfing er Ngale mit offenen Armen und bot ihm sogar an, seine Goldmine zu übernehmen. Er habe genug Geld und wolle sich zur Ruhe setzen, was er jedoch nur könne, wenn er seine Goldmine in guten Händen wisse. Und Ngale sei der einzige Mensch auf der Welt, dem er zutraue, die Geschicke der Goldmine zu leiten.

Nicht nur, dass er und Uhangui zuhause von vielen Menschen beschenkt werden! Jetzt übernimmt er eine Goldmine und steht plötzlich vielen Arbeitern vor. War das Leben nicht wundervoll? Endlich hatte Ngale das erreicht, was er sich immer gewünscht hatte.

In seiner Stellung als Goldminenbesitzer schickte es sich, dass er viele rauschende Feste gab. Die schönsten Frauen lud er in sein Haus. Ganze Nächte lang wurde getanzt und gefeiert. Tische und Matratzen bogen sich. Ngale war mehr als glücklich. Den weisen Medizinmann, dem er noch persönlich danken wollte, hatte er schnell vergessen. Auch seine Frau Uhangui und der Hahn waren ganz weit weg aus seinen Gedanken. So vergaß Ngale auch, Geld nach Hause zu schicken, wie er es sonst zu tun pflegte.

Und es kam, wie es kommen musste. Uhangui verarmte und hatte plötzlich noch nicht einmal Geld, um ausreichend Mais zu kaufen. Dies hatte zur Folge, dass sie den Hahn nicht mehr füttern konnte, wie es der Medizinmann gebot. Mit den restlichen Maiskörnern ging sie sehr sparsam um. In ihrer Not mischte sie unter den sauber gestampften Mais die Schalen der Maiskörner. Jedoch aß der Hahn nur widerwillig davon. Eines Morgens vernahm Uhangui eine traurige Melodie, als sie aus ihrem Haus trat. Das war mehr als seltsam. Wer sang da so schön? Sie folgte dem traurigen Gesang und entdeckte plötzlich den Hahn. Uhangui schlich sich näher, und es brach ihr das Herz, als sie den Hahn folgendes Lied singen hörte:

Diamadia, diamadia,
awa sati walomo,
wateka uchua gahona, waga vahona venhi,
wateka ungo ga kona, vanhika mina chiarri.

Es war die Sprache der Xangan, und es bedeutete so viel wie: Diamadia, armer Diamadia. Die Frauen dieses Landes sind nicht sehr gescheit, nehmen das gute Essen für sich und bieten den Gästen die Abfälle an; Diamadia will weg von hier, Diamadia will nach Hause, Diamadia will nicht länger hier bleiben. Diamadia war übrigens der Name des Hahns.

Noch oft sollte Uhangui dieses Lied in den nächsten Tagen hören. Aber sie hatte nicht die geringste Ahnung, was sie hätte tun sollen. Ihr war schon seit geraumer Zeit der Zusammenhang zwischen dem Hahn und dem sich vermehrenden Wohlstand klar geworden. Folglich war das Verhalten des Hahns ein sicheres Anzeichen dafür, dass sich ihr Mann Ngale in keinster Weise geändert hatte. Sie kam zu der bitteren Erkenntnis, dass Ngale noch immer ein Egoist war und sie und den Hahn völlig vergessen hatte.

Die Geschenke der einst so großzügigen Nachbarn blieben aus. Betteln wollte sie nicht. Dafür war sie zu stolz. Sehnsüchtig wartete sie auf ihren Mann. Aber von Ngale kam kein Lebenszeichen!

Eines Morgens vermisste Uhangui den Gesang Diamadias.

Ihr schwante nichts Gutes. Als sie auf den Baum zuging, unter dem Diamadia immer sang, fand sie den Hahn leblos darunter liegen, verhungert und plötzlich stumm.

Nun hatte auch Ngale das Glück verlassen. Er fand nur keine Erklärung für die plötzliche Wendung. Nie im Leben wäre er auf die Idee gekommen, sein Schicksal mit diesem dämlichen Hahn in Verbindung zu bringen, den ihm dieser Medizinmann vor langer Zeit anvertraut hatte. Immer mehr Arbeiter empfanden für Ngale und sein ausschweifendes Leben nur noch Abscheu und kündigten ihre Arbeitsstelle in seiner Goldmine. Schnell hatte Ngale keine Angestellten mehr. Folglich gingen Ngales Einnahmen zurück, was zur Folge hatte, dass er bei seinen Festen nicht mehr so üppig auftragen lassen konnte. Dies wiederum hatte zur Folge, dass nach und nach die verwöhnten Gäste ausblieben. Ngale führte ein zunehmend einsames Dasein und war in bedauernswerter Verfassung. Er fand niemanden mehr, der bereit war, in seiner Goldmine zu arbeiten. Ngale verarmte.

In seiner Verzweiflung beschloss er, zurück nach Hause zu gehen, wo er vor langer Zeit seine Frau und den Hahn zurückgelassen hatte. Er erinnerte sich daran, wie die vielen Nachbarn einst zu Besuch kamen und nette Geschenke vorbeigebracht hatten. Uhangui wird sich sicherlich freuen, ihn wieder in die Arme schließen zu können. So viele Monate war er schließlich noch nie von zuhause weg gewesen. Er hatte nur Bedenken, da er dieses Mal kein Geld und keine Schmuckstücke mitbringen würde.

Sein Zuhause fand er jedoch verlassen vor. Und das Haus sah nicht danach aus, als wäre Uhangui nur kurz mal in der Nachbarschaft, um mit Nachbarinnen zu plaudern. Die Speisekammer war leer, ebenso die Kiste, wo sie ihre Schmuckstücke und Gewänder aufbewahrte. Von wegen Geschenke von den Nachbarn, die zuhauf vorbeigebracht würden.

Was war geschehen? In der kleinen Stadt bekam Ngale schnell die Informationen, die er brauchte. Uhangui habe sehr darunter gelitten, dass ihr Hahn verstorben war, und die Leute hätten gedacht, dass die arme Frau wahnsinnig geworden sei, erzählte man ihm. Die Leute wussten natürlich nichts über den wundersamen Hahn, der nur mit sauberem Mais gefüttert werden durfte, der unterm Ehebett schlief und sogar singen konnte. Uhangui habe schon vor einiger Zeit ihr Zuhause verlassen. Ein etwas älterer aber liebenswürdiger Mann, dessen Frau von einer giftigen Schlange gebissen worden war, und die schließlich ihr Leben hatte lassen müssen, hatte von Uhanguis Schicksal gehört und sich ihrer angenommen.

Erst da befiel Ngale ein ihm bis dahin völlig fremdes Gefühl, so etwas wie Reue, wenn auch verbunden mit einer gehörigen Portion Selbstmitleid. Aber da half jetzt kein Jammern und Klagen. Die Dinge lagen nun mal wie sie lagen. Er scheute sich auch, Beistand bei seinen Ahnen zu suchen, die er schon so lange nicht mehr angerufen hatte. Die würden ihm erst wieder beistehen, wenn er ein ehrenwertes Leben führte. Er konnte ja ein fleißiger Arbeiter oder ein gerechter Arbeitgeber sein, wenn er wollte, ein guter Nachbar, wenn er denn wollte, ein charmanter Ehemann, wenn er nur wollte. Seine einzige Chance war ein Neuanfang in einer fremden Stadt, ein Neuanfang, ohne sich dabei auf Medizinmänner und deren Mittelchen zu verlassen, sondern nur auf sich selbst.

60

*„Jemandem zu helfen bedeutet nicht, sich selbst zu vernach-
lässigen."*

Der Löwe, der Hase und der Affe

Es war einmal ein mächtiger Löwe, der einst ein großes
Löwenrudel anführte. Jahrelang gelang es ihm, seine Vor-
machtstellung in diesem Rudel zu behaupten. Gegen die jüngeren, aufstrebenden Löwen, die ihm immer wieder seinen
Thron streitig machen wollten, konnte er lange bestehen.
Doch eines Tages wurde ihm bewusst, dass er alt und schwach
geworden war. Er besaß zwar noch immer seine lange, dunkle
Mähne, aber seine Kräfte schwanden von Tag zu Tag. Er wurde auch zunehmend heiserer. Sein Brüllen klang schon lange
nicht mehr majestätisch. Als erneut ein Kampf gegen einen
Rivalen anstand, trat er gar nicht erst an. Er fühlte, dass er
diesen Kampf ohnehin unmöglich gewinnen könnte. So zog
er es vor, in Würde aufzugeben und sich geschlagen zu geben.
Damit nahm er allerdings in Kauf, von seinem Rudel vertrieben zu werden, wie es bei den Löwen in diesem Fall durchaus
üblich ist. Er würde dann seine letzten Tage zwar als Einzel-
gänger verbringen, aber damit müsse ja nicht unbedingt ein-
hergehen, auf einen angemessenen, königlichen Rahmen zu
verzichten.

Es kam wie erwartet. Er wurde von seinem Rudel gnaden-
los verjagt – undankbares Volk. Seine weise Entscheidung,
einem jungen Löwen kampflos das Feld zu überlassen, wurde ihm nicht als Größe ausgelegt, sondern als unehrenhaf-
te und nicht hinnehmbare Schwäche. Aber auch wenn er ein

Vertriebener war, fühlte er sich dennoch als ein sehr königlicher Löwe. Also suchte er sich für seinen königlichen Ruhesitz einen königlichen Platz im Palmenwald. Den glaubte er auf einem schönen Hügel gefunden zu haben, von wo man sogar das Meer sehen konnte. Leider konnte er für sein Vorhaben von niemandem Hilfe erwarten. Er war ja nun allein. Aber er würde das schon schaffen, sagte er sich selbstbewusst.

Fleißig schnitt er Holzpfähle und Bambusstangen zu, die das Skelett seines neuen Hauses bilden sollten. Dann transportierte er das Baumaterial auf den Hügel. Das war eine äußerst schweißtreibende Angelegenheit. Als er alles oben auf der Anhöhe hatte, steckte er den Umriss ab und grub Löcher in den Sand. Dann rammte er die Pfähle und Stangen in die Löcher. Fertig! Jetzt musste er sich ausruhen. Mit den Wänden würde er erst morgen weitermachen, beschloss er.

Der Hase hatte übrigens den Löwen die ganze Zeit beobachtet. Nachdem der Löwe gegangen war, machte sich der listige Hase auf zur Baustelle. Der Hase wusste direkt, was zu tun war. Zunächst sammelte er abgefallene Palmwedel. Dann verband er mit den einzelnen Blättern der Wedel die Pfähle und Stangen. Aus den restlichen Palmwedel flocht er anschließend Matten, mit denen er die Zwischenräume zwischen den Stangen ausfüllte. So entstand eine Wand nach der anderen, insgesamt sieben, um genau zu sein. Der Hase war fix und fertig. Das war sehr viel Arbeit, mehr, als er sich anfangs vorgestellt hatte. Aber es hatte sich gelohnt, wie er selbst fand.

Am nächsten Morgen kehrte der Löwe zur Baustelle zurück. Er war sehr früh aufgestanden und noch etwas schlaftrunken, als er sich den Hügel hinauf begab. Seine lange, dunkle Mähne hing ihm noch zottelig ins Gesicht. Aber er wollte wegen der Hitze heute so früh wie möglich mit der Arbeit beginnen und hatte keine Zeit für die Frisur. Wenigstens die Wände müsste er schaffen. Als er schließlich angekommen war und vor seinen Pfählen und Stangen stand, traute er seinen Augen nicht. „Das kann doch nicht wahr sein", sagte er erschrocken, „da sind ja schon die Wände drin!" Mit seiner rechten Pranke schob er die Mähnenhaare vor seinen Augen zur Seite, um klarer sehen zu können. Aber er hatte sich nicht geirrt. Da hatte jemand die Freundlichkeit besessen, sein Haus weiterzubauen.

Über die näheren Umstände wollte der Löwe zunächst nicht weiter nachdenken. Er würde bestimmt irgendwann erfahren, wem er sich erkenntlich zu zeigen hätte. Er freute sich einfach seines Lebens und begann frohen Mutes mit dem Ausbau des Dachgebälks. Nach getaner Arbeit verließ er abermals die Baustelle und legte sich am Fußes des Hügels unter einen schattigen Baum, um zu schlafen.

Nun war die Zeit des Hasen wieder gekommen. Der listige Hase sammelte wieder Palmwedel, aus denen er kunstvoll Matten flocht. Dieses Mal brauchte er die Matten für das Dach. Er gab sich besonders viel Mühe, da das Dach schließlich dicht sein musste, um die späteren Bewohner vor Regenwasser zu schützen. Das bedeutete, dass er besonders viele Palmwedelmatten brauchte. Der Hase arbeitete wieder bis zur völligen Erschöpfung und zog sich zurück.

Am darauffolgenden Tag, in aller Früh, trottete der Löwe wieder zottelig zu seiner Baustelle. „Also das schau sich jetzt mal einer an! Hat man denn so etwas schon erlebt? Das Dach ist fertig!", stellte der Löwe ungläubig fest, „und weit und breit keine Spur von irgendjemandem. Wie kann das nur sein?"

Nun ja, wie auch immer! Der Löwe wollte keine weitere Zeit darauf verwenden darüber nachzudenken, wer oder wie oder was hier an der Baustelle geschehen war. Bester Laune begann er, die Wände von innen mit Lehm zu verputzen. Als die Sonne besonders hoch stand und es bereits unerträglich heiß wurde, hatte der Löwe die Arbeit beendet und freute sich auf sein Mittagsschläfchen im Schatten des Baumes am Fuße des Hügels. Bei der Hitze würde der Lehm an den Wänden schnell trocknen, freute er sich. Morgen könne er dann gewiss in seinen Palmwedelbambuspalast einziehen. Zufrieden schloss er die Augen. „Also wer da wohl meine Arbeit erledigt hat?", grummelte er ein letztes Mal und schlief ein.

Mit Frau und Kind kam nun der Hase vorbei und zeigte seiner Familie ihr neues Zuhause. „Ist es nicht wunderbar?", schwärmte der Hase, „und so schön groß. Hier haben wir mehr Platz als in dem alten Hasenbau, nicht wahr, Frau? Und dann, schau mal diese schöne Aussicht. Ist das nicht wunderbar?" Frau Hase war sprachlos. „Aber, aber, … wie kommt es …, dass wir dieses große, dieses riesengroße Haus beziehen dürfen?", stotterte sie.

Der Hase sprach nicht lange um den heißen Hirsebrei und schenkte seiner Frau direkt klaren Palmwein ein: „Das Haus gehört eigentlich dem Löwen. Aber ich habe auch daran gearbeitet. Und mit List können wir es auch sicherlich behalten." „Aber lieber Mann, du listiger Hase, wie willst du das denn wieder anstellen?", fragte Frau Hase besorgt. „Ganz einfach. Sobald der Löwe vorbeikommt, wirst du unser Kind nehmen und ihm tüchtig den Hintern versohlen, so dass es zu schreien beginnt. Mehr brauchst du nicht zu tun. Den Rest erledige ich dann schon. Lass mich nur machen!"

Das war wieder so eine spezielle Idee ihres Mannes. „Der ist verrückt", dachte sie. Aber sie fügte sich, wie schon so oft. Ihr listiger Gatte hatte ja auch stets Erfolg mit seinen verrückten Einfällen. Er ist so listig und verschlagen, dass er es sogar mit Hyänen oder Elefanten aufnehmen kann. Sich jedoch mit einem königlichen Löwen anzulegen, war dennoch etwas anderes. Ihr war auf jeden Fall nicht wohl dabei.

Am nächsten Tag, als der Löwe erwachte, streckte er sich genüsslich und atmete tief durch. Heute würde er sich Zeit lassen können und nicht ungekämmt unter die Leute gehen müssen. Auch der Körperpflege würde er heute mehr Zeit als sonst widmen, schließlich wollte er endlich in seiner königlichen Behausung würdevoll Einzug halten. So zog er sich mit den Pranken die zotteligen Haare der Mähne gerade, wischte sich mit seiner Zunge dreimal mehr als sonst über den Nasenrücken und machte sich auf den Weg. „Ja, das waren noch Zeiten, als sein weiblicher Hofstaat seine Fellpflege übernahm", ging es ihm etwas wehmütig durch den Kopf, als er den Hügel hinaufstieg.

Frau Hase sah als Erste in der Ferne den Löwen kommen. Sie alarmierte sofort ihren Mann. „Aber Frau, behalte die Nerven! Wir machen es wie abgesprochen. Wo ist der Kleine?"

Da der Löwe ein fröhliches Lied auf den Lippen hatte, als er sich seinem Haus näherte, konnte er das Geschrei des kleinen Hasen erst gar nicht richtig hören. Und als er dann etwas vernahm, war er nicht in der Lage mit Bestimmtheit zu sagen, aus welcher Richtung es kam. Zunächst dachte er, er habe sich verhört. Aber als er immer näher kam, wurde die Gewissheit größer: Das war das Geschrei eines Babys, und es kam aus seinem Haus.

Spätestens zu diesem Zeitpunkt wurde dem Löwen klar, dass man ihn betrogen hatte – von wegen ein selbstloser, hilfsbereiter Nachbar, der dem lang gedienten König der Tiere ehrerbietend Arbeit abnehmen und inkognito helfen wollte!

Vorsichtig schlich sich der Löwe an sein Haus. Jetzt konnte er sogar noch andere Stimmen hören. „Ach was hat er denn, unser kleiner Sonnenschein? Wie kann denn ein Hyänenbaby so herzzerreißend schreien?", sprach der Hase laut genug. Der Löwe riss die Augen weit auf. Der Hase sprach weiter auf sein schreiendes Kind ein: „Schau mal, hier hast du auch etwas von der köstlichen Löwenleber! Mmh, schmeckt Löwenleber nicht vorzüglich?"

Das war genug. Der Löwe lief so schnell er konnte den Hügel hinunter und brachte sich in Sicherheit. Mit Hyänen war nicht zu spaßen, erst recht nicht, wenn man alleine dasteht. Als er glaubte in Sicherheit zu sein, schaute er erschöpft noch einmal den Hügel hinauf und trauerte seinem schönen, neuen Heim nach.

Mit gesenktem Kopf ging er weiter und wusste gar nicht so recht, was er nun anfangen sollte. Wieder ein neues Haus bauen? Wieder ganz allein? Vielleicht war es ein Fehler gewesen, seinen königlichen Rang so kampflos aufzugeben. In der Gemeinschaft war immer alles ganz einfach.

Als er so nachdachte, lief ihm der Affe über den Weg. Der Affe erkannte direkt, dass mit dem alten Löwen etwas nicht stimmte und sprach ihn kurzerhand darauf an.

„Ach ja", jammerte der Löwe, „ich wurde um meinen Besitz und meine Ehre gebracht! Stell' dir nur vor", fuhr der Löwe fort und erzählte dem Affen, was sich in den vergangenen Tagen zugetragen hatte. „Und jetzt bewohnt eine Hyänenfamilie

66

mein königliches Haus und genießt den königlichen Ausblick auf das weite Meer!", sagte der Löwe traurig.

Der Affe aber sagte: „Du redest Unsinn, Löwe! Sei doch nicht so einfältig. An diesem schönen neuen Haus bin ich erst gestern vorbeigekommen, und darin leben gewiss keine Hyänen, sondern harmlose Hasen!" „Nein, ich bin mir ganz sicher, dass es sich um ein schreiendes Hyänenbaby und dessen Eltern gehandelt haben muss!", entgegnete der Löwe.

Der Affe erklärte sich bereit, sicherheitshalber den Löwenpalast nochmals aufzusuchen, um sich zu vergewissern. Diesen Vorschlag begrüßte der Löwe sehr, und der Affe lief zu dem neuen Haus auf den Hügel. Und es war genau so, wie er vermutet hatte: Vor dem Haus spielte Herr Hase mit dem Kleinen, und aus dem Haus rief dann plötzlich Frau Hase zum Essen.

Der Affe kehrte zum Löwen zurück und schilderte genau das, was er gerade mit seinen eigenen Augen gesehen hatte. Aber der Löwe schien immer noch nicht überzeugt. Daraufhin schlug der Affe vor, am besten gemeinsam die Bewohner seines Hauses in Augenschein zu nehmen. „Wir binden unsere Schwänze zusammen, damit ich nicht versuchen kann abzuhauen, falls du mir misstraust." So liefen sie also mit zusammengebundenen Schwänzen bis zu dem neuen Haus des Löwen nebeneinander her.

Der kleine Hase entdeckte die beiden als Erster und wollte eigentlich weglaufen, da er mittlerweile genau wusste, was ihm blühen würde. Zu spät! Herr Hase hatte die beiden zusammengebundenen Herrschaften ebenfalls entdeckt, den Kleinen geschnappt und seine Frau alarmiert. „Hier Frau, nimm den Kleinen und versohle ihm den Hintern. Du weißt schon, der Löwe ist im Anmarsch, dieses Mal sogar in Begleitung des Affen."

Frau Hase handelte sofort und schlug auf den Kleinen ein, der wie auf Kommando herzzerreißend zu heulen begann. „Na, na, na, mein Kleiner, wer wird denn da so fürchterlich weinen?", versuchte Herr Hase den kleinen Hasen zu beruhigen. Daraufhin sagte der Affe zu dem Löwen: „Siehst du Löwe, der kleine Hase weint gerade und wird getröstet!" „Aber nein, du Dummkopf", wehrte sich der Löwe, „das ist das Weinen des Hyänenbabys, ich erkenne es wieder!" „Aber hör doch nur!", erwiderte der Affe. Doch dann hörten die beiden den Hasen eine Bemerkung machen, die auch den Affen zweifeln ließ: „Dürfen Hyänenbabys so laut schreien? Du vertreibst uns ja die ganzen Löwen mit deinem Geschrei. Ich habe doch für heute noch keinen gejagt! Oder magst du keine Löwenleber mehr, mein kleines Hyänenbaby!"

Der Löwe überlegte nicht lange und löste den Knoten, der ihn mit dem Affen verband. Dann sagte er enttäuscht zu dem Affen: „Hast du es nun selbst gehört? Wer ist denn hier nun der Einfältige? Aber was mich am meisten kränkt, ist, dass auch du mich hereinlegen wolltest. Deswegen der Trick mit dem Zusammenbinden. Du hättest mich doch tatsächlich den Hyänen ausgeliefert." Mit diesen Worten verließ der Löwe verbittert den Hügel mit seinem königlichen Wohnsitz und kehrte nie mehr zurück.

Der Affe war fassungslos. Er wusste wohl, dass der Hase listig war. Aber so hinterlistig zu sein, hätte er ihm nicht zugetraut. Es schmerzte den Affen sehr, dass der Löwe nun so schlecht von ihm dachte. Vielleicht würde es irgendwann eine Gelegenheit geben, dem Löwen seine Loyalität zu beweisen.

Enttäuscht kehrte auch der Affe zurück. Da er dieses Mal nicht mit dem Löwen verbunden war, konnte er einen luftigeren Weg einschlagen und sich von Baum zu Baum schwingen.

Während einer kurzen Pause sah er in der Ferne ein Rudel Hyänen auf den Baum zukommen, auf dem er gerade saß. Der Affe erstarrte. Sie kamen immer näher in seine Richtung. Als sie genau unter der Baumkrone des Cashewbaumes standen, konnte er hören, wie sich die Hyänen berieten. Sie waren auf der Suche nach dem neuen Haus des alten Löwen. Was sie wohl von ihm wollten? Vermutlich hatte Herr Löwe bei ihnen noch eine Rechnung offen.

Mutig machte sich der Affe bemerkbar und riet den Hyänen, ohne seinen sicheren Standort zu verlassen, den rechten der beiden Wege einzuschlagen, und am Ende des Weges nur noch den Hügel hinaufzulaufen.

Die Hyänen nahmen den beschriebenen Weg und steuerten zielsicher auf das Anwesen des Löwen zu. Dieses Mal war es der Hase selbst, der die drohende Gefahr als Erster den Hügel hinaufkommen sah.

Schnell erkannte er, dass gegen diese Überzahl von Hyänen auch keine List helfen würde. Ohne lange zu überlegen, pfiff er nach seiner Familie. Hase junior versteckte sich, da er keine Lust hatte, sich wieder vermöbeln zu lassen.

„Was ist?", fragte Frau Hase, die sich über den lauten Pfiff ihres Mannes sehr erschrocken hatte. „Frag' nicht lange", antwortete Herr Hase ungeduldig. „Schau' einfach nur den Hügel hinunter, dann weißt du Bescheid!"

Frau Hase sah die Hyänen und stellte keine weiteren Fragen mehr. Sie rief nach dem Kleinen und versprach auch, ihn nicht zu versohlen. Der Kleine erkannte, dass die Stimme seiner Mutter nicht wie sonst klang, sondern wirklich besorgt, und kam schließlich sofort aus seinem Versteck. Mit großen Sprüngen und Haken waren die Hasenfüße auf und davon.

Als die Hyänen vor dem königlichen Anwesen eintrafen, fanden sie es verlassen vor. Zu ihrem Erstaunen roch es noch nicht einmal nach Löwe, sondern verdächtig stark nach Hase. Die Hyänen hatten also noch nicht einmal eine Spur und suchten enttäuscht ebenfalls das Weite.

Der Affe, der ihnen gefolgt war, fand es sehr bedauerlich, dass das schöne Haus nun leer stehen sollte. Er beschloss, von nun an selbst dort zu wohnen und die schöne Aussicht zu genießen.

„Jedes Kind ist ein Zeichen der Hoffnung für diese Welt."

Der kleine Nhanga

Es war einmal ein großer Nhanga, der weit über die Grenzen des Palmenwaldes hinaus für seine Weisheit und Fähigkeiten bekannt war. Nhanga bedeutet übrigens so viel wie Zauberer oder Zauberdoktor. Ein Nhanga weiß also seine magischen Kräfte geschickt einzusetzen, um die Menschen zu heilen oder auch zu verzaubern, das kommt ganz darauf an. Vielen Menschen sind die Behandlungsmethoden eines Nhangas unheimlich. Dass er aus Heilkräutern seinen Kräutertrank zubereitet, mag ja noch angehen. Aber oft muss auch ein Tier geschlachtet werden, und dann ist Blut mit im Spiel.

Viele Nhangas können sogar hellsehen. Der große Nhanga Kunga unserer Geschichte natürlich auch. Ihm konnte man nichts vormachen. Er war in der Lage sowohl in die Zukunft als auch in die Vergangenheit wildfremder Menschen zu sehen. Dabei bediente er sich vieler Kaurischneckenhäuschen, die wie kostbares Porzellan glänzten. Diese bewahrte er in einem Lederbeutel auf. Mit den Kaurischneckenhäuschen hatte man in Afrika übrigens lange vor Nhanga Kungas Zeit bezahlen können. Sie waren richtiges Geld. Ihre Bedeutung als Zahlungsmittel haben sie zwar mittlerweile eingebüßt, ihre Zauberkraft jedoch nicht – vorausgesetzt, man konnte damit umgehen, wie unser Nhanga Kunga. Meistens kamen die Leute zu Nhanga Kunga, damit er für sie in die Zukunft sehen sollte. Verzauberungen waren dagegen viel seltener – und teurer natürlich.

Wollte jemand seine Dienste in Anspruch nehmen, musste dieser Jemand allerdings richtiges Geld dabeihaben, und davon am besten nicht zu wenig. Sobald dann das Geschäftliche geregelt war, bat er seine Kunden, zunächst ihre Handflächen zu einer hohlen Kugel zu formen, um all die Kaurischnecken-häuschen darin verbergen zu können und anzuwärmen.

Dann sollten sie sich auf den Grund ihres Kommens konzentrieren, dabei die Augen schließen, tief einatmen und den ganzen Kummer durch die Öffnung zwischen beiden Händen – am besten zwischen den Daumen – auf die Kaurischnecken-häuschen aushauchen.

Anschließend übernahm Nhanga Kunga wieder die Schneckenhäuschen und warf sie vor sich auf die Strohmatte. Manchmal ergab die Anordnung derselben ein interessantes Muster. Meistens aber keins, sondern nur ein chaotisches Sammelsurium. Unsereins hätte mit diesen Bildern nichts anfangen können. Doch der große Nhanga Kunga war auf diese Weise über seine Kundschaft ganz schnell im Bilde. Er las aus den chaotischen Kaurischneckenhäuschenbildern wie aus einem Buch. Ihm blieb nichts verborgen.

Die Menschen waren immer wieder überrascht, manchmal sogar beschämt darüber, was der Zauberdoktor plötzlich alles wusste und ihnen unverblümt ins Gesicht sagte. Mit eintöniger und furchterregender Stimme sagte er einmal einer Frau auf den Kopf zu, dass sie nicht ohne Grund so dick sei, weil sie stets die besten Happen bereits am Kochtopf in sich hineinstopfe: „Frau, sprich! Ist es die Wahrheit, dass du dir an der Feuerstelle immer die fettesten Hühnerteile abgreifst, bevor du deinem Mann und deinen Kindern die Mahlzeit servierst? So sage laut und deutlich *Tokosa*, ja, so ist es!" Das mit dem laut und deutlich meinte Nhanga Kunga wirklich ernst. Oft ließ er die Leute so lange *Tokosa* sagen, bis es laut genug war und sie weinten. Und immer wenn sie *Tokosa* riefen, mussten sie auch noch schnipsen. Mancher mag dies als Demütigung empfunden haben. Dennoch suchten die Leute Nhanga Kunga immer wieder auf, wenn sie in Not waren oder geheilt werden wollten – und genug Geld in der Tasche hatten. Denn nach diesem Eingangsritual kam das Wichtigste: die Weissagung und die Ratschläge. Die Trefferquote bei den Weissagungen war unschlagbar hoch, die Ratschläge zeigten Wirkung.

Heikel wurde es allerdings, wenn Nhanga Kunga keinen anderen Ausweg sah, als jemanden zu verzaubern. Er griff nur selten zu dieser Maßnahme, quasi als letzten Ausweg. Dabei ging es noch nicht einmal unbedingt um die Personen, die ihn aufsuchten, sondern häufig um diejenigen, die seinen Klienten Leid angetan hatten. Aber bis es zum Äußersten kam, musste er sich seiner Sache absolut sicher sein. Gemeinhin waren auch mehrere Sitzungen nötig, um sich ein genaues Bild machen und die korrekte Diagnose und Prognose stellen zu können. Eine solche Verzauberung verlangte ihm stets ein enorm hohes Maß an Konzentration ab. Nhanga Kunga musste an Verzauberungstagen in absoluter Höchstform sein, noch mehr als sonst.

Eine Verzauberung begann er stets mit tiefen Atemzügen, um sich besser konzentrieren zu können. Dann setzte er sich mit geschlossenen Augen auf ein Kissen, nahm in jede Hand drei Kaurischneckenhäuschen, die er immer wieder in seinen geschlossenen Handflächen kreisen ließ. Er fühlte deren glatte Oberfläche und konzentrierte sich dabei auf seine Atmung. Sein Schnaufen wurde dann immer heftiger und lauter – zum

Amüsement seiner beiden Kinder –, bis er schließlich die zu verzaubernde Person ganz deutlich vor sich sah, so als würde sie ihm leibhaftig gegenüber sitzen. In dieser Phase musste er alle Gedankenkraft auf diese Person richten, damit er ihr Wesen ändern konnte.

⊠◈⊠

Im gleichen Palmenwald lebte eine Familie: Vater Rombe, Mutter Chiguawilane und Sohn Thembane. Die Familie war nicht sehr wohlhabend. Nur ab und an ging der Vater in die Stadt, um dort zu arbeiten. Viel lieber hing er in Kneipen ab und soff mit seinen Kumpels *cerveja* und Kokosschnaps. Wenn er dann volltrunken nach Hause kam, hatten Chiguawilane und Thembane nichts zu lachen. In dieser Stimmung fing der Alte gerne an laut zu schreien und brach stets einen Streit vom Bambuszaun, zur Belustigung der gesamten Nachbarschaft übrigens, die auf diese Weise immer bestens über das Familienleben von Rombe, Chiguawilane und Thembane informiert war.

Viele warteten regelrecht darauf, dass ihr Nachbar Rombe besoffen nach Hause kehrte, um ihre Sensationslust befriedigen zu können. Rombe war mitunter sogar gewalttätig und schlug seine Frau, wenn das Essen beispielsweise nicht schnell genug auf den Tisch kam, oder wenn das Wasser für die Körperpflege noch nicht aufgewärmt war. Und wenn Thembane es dann wagte, seine Mutter beschützen zu wollen, bezog er ebenfalls Tritte und Hiebe von seinem Vater, manchmal mit dem Stock oder einer Bohnenstange oder mit dem, was gerade im Hof so herumstand.

Eines Tages beschloss Thembane etwas zu unternehmen. Die Gewaltausbrüche seines Vaters wollte er nicht länger hinnehmen. Er vertraute sich seinem besten Freund, Mahembe, an. Der wiederum riet ihm, Nhanga Kunga um Rat zu fragen.

„Bist du verrückt? Wie soll ich das denn bezahlen? Das kommt gar nicht in Frage. Wir haben kein Geld!", sagte Thembane.

„Lass mich nur machen! Vielleicht ist das gar nicht so unmöglich, wie du annimmst. Ich habe da eine gute Idee!", antwortete Mahembe. „Vertraue mir!"

Da war Thembane ja mal gespannt. Für einen Augenblick – aber nur einen winzigen Augenblick – hielt er es für möglich, dass Mahembe vielleicht plante, auf unehrliche Art und Weise das Geld zu beschaffen, um den großen Nhanga Kunga entlohnen zu können, und war beunruhigt. Jedoch kannte er seinen Freund eigentlich gut genug um zu wissen, dass dieser dazu nie im Leben in der Lage sein würde.

„Wollen wir einen Spaziergang machen? Hast du Lust? Du sollst jemanden kennenlernen!", sagte Mahembe.

Thembane hatte gegen einen Spaziergang nichts einzuwenden. Mahembe steuerte zielsicher auf die Hütte von Nhanga Kunga zu. Was hatte das nur zu bedeuten? Vor der Hütte trafen die beiden auf einen gleichaltrigen Jungen, der gerade dabei war, mit sich selbst Fußball zu spielen. Sehr geschickt machte er das übrigens; das sah sehr akrobatisch aus.

„Ich möchte dir jemanden vorstellen!", sagte Mahembe zu Thembane, der äußerst verwirrt war. „Das ist Kunga junior, der Sohn des großen Nhanga Kunga, also der kleine Nhanga Kunga sozusagen." Thembane wusste, wer Kunga junior war. Man kannte sich vom Sehen.

Die beiden reichten sich die Hände, Mahembe trug sein Anliegen vor – oder vielmehr das seines Freundes –, und der kleine Nhanga Kunga sprach, als wäre er schon ganz groß: „Vielen Dank für dieses Vertrauen. Das wird die Chance meines Lebens sein, endlich allen zu beweisen, dass ich durchaus würdig bin, meines Vaters Sohn zu sein, der Sohn des großen Nhanga Kunga. Oft genug habe ich ihn heimlich beobachtet, wenn er die Kaurischneckenhäuschen auf die Strohmatte warf und aus den Bildern Vergangenes und Zukünftiges las. Oft genug war ich Zeuge, wenn er den Menschen die Wahrheit offenbarte und ihnen die Augen öffnete. Oft genug durfte ich erleben, wie die Leute laut und deutlich Tokosa sagen mussten und dabei schnipsten." Mahembe und Thembane waren beeindruckt.

Man war ziemlich schnell handelseinig. Der kleine Nhanga Kunga wollte nämlich überhaupt kein Geld. Ihm ging es darum, endlich seine Fähigkeiten als würdiger Nachfolger des großen Nhanga Kunga unter Beweis zu stellen, wozu sein Vater ihm bislang noch keine Gelegenheit gegeben hatte, ihm, der doch immerhin schon 12 Jahre alt war. Aber auch wenn er nur der kleine Nhanga Kunga war, war er dennoch davon überzeugt, dass auch er etwas bewirken könne. Er würde lediglich die Kaurischneckenhäuschen benutzen müssen, dachte er, die nämlich keine gewöhnlichen Kaurischneckenhäuschen waren, sondern Zauberkaurischneckenhäuschen.

Die drei Jungs vereinbarten gleich am nächsten Tag einen Treff- und Zeitpunkt, in der Hoffnung, dass der große Nhanga Kunga die Zauberutensilien dann nicht selber brauchen würde. Aber so früh am Nachmittag hatte er gewöhnlich noch nie Besuch. Erst in den Abendstunden suchten ihn die Leute auf.

Aufgeregt war Kunga junior schon. Von seinem selbstbewussten Auftreten am Tag zuvor war nicht mehr viel übrig, als er den Lederbeutel mit den Zauberkaurischneckenhäuschen vom Haken nahm. Ihm schlotterten die Knie. Seine Hände zitterten, und er musste sie sich mehrmals an seinem Hemd abwischen, weil sie feucht waren. Aber es gab kein Zurück mehr. Er musste die Sache nun durchziehen. Sein erster Kunde, freute er sich. Das wäre doch gelacht.

Der kleine Nhanga Kunga borgte sich auch seines Vaters Kissen, und die Strohmatte natürlich. Majestätisch nahm er mit dem Kissen auf der Strohmatte Platz, nahm die Zauberkaurischneckenhäuschen aus dem Lederbeutel und übergab sie mit mondäner Geste und entsprechenden Anweisungen Thembane. Thembane tat wie ihm geheißen: Er formte aus seinen Handflächen eine hohle Kugel und wärmte darin zunächst die Schneckenhäuschen, hauchte seine negativen Gedanken über sie aus und gab sie Kunga junior wieder zurück. Kunga junior nahm sie entgegen, schüttelte sie mehrmals in seinen eigenen Händen und warf sie schließlich vor sich auf die Strohmatte.

„Ja? Und? Was siehst du?" fragte Mahembe ungeduldig. Und Thembane fügte ebenso aufgeregt hinzu: „Nun sag doch endlich etwas! Also was siehst du?"

Aber Thembane und Mahembe gewannen den Eindruck, dass der kleine Nhanga Kunga nichts sah. Kunga junior machte nur große Augen und hoffte, dass die beiden es nicht merkten. Er hatte in der Tat keinen blassen Schimmer. So eine Blamage, schämte er sich – obgleich nicht für lange Zeit. Kunga junior besann sich wieder schnell darauf, wer er war, riss sich zusammen und beschloss weiterzumachen. Jetzt musste doch der Part mit dem Tokosa und dem Schnipsen kommen, war er sich sicher. Aber da er ja aus dem Zauberkaurischneckenhäuschenbild nichts lesen konnte, musste er improvisieren.

„Erzähle mir, Freund meines Freundes, wie lange schon dein Vater deine Mutter schlägt!", sagte der kleine Nhanga Kunga. Dabei versuchte er so tief und laut wie möglich zu reden, um seine ersten Kunden zu beeindrucken. Damit würde er das verlorene Vertrauen seiner Besucher schnell wieder zurückgewinnen. Thembane berichtete Kunga junior bereitwillig, dass er sich eigentlich nicht daran erinnern könne, dass sein Vater jemals nüchtern nach Hause kam und friedlich war. Er tobte immer! Wenn er nicht tobte, war er krank! Thembane und seine Mutter seien seit jeher beschimpft, beleidigt und verdroschen worden.

Diese Informationen waren brauchbar. Damit konnte der kleine Nhanga Kunga etwas anfangen und endlich mit dem Ritual fortfahren, bei dem er schon so häufig heimlich zugesehen hatte.

Er sagte: „Dein Vater trinkt jeden Tag! Ich würde ..." Kunga junior bemerkte plötzlich, dass er mit seiner knabenhaften Stimme sprach. Nach einem kurzen, verlegenen Räuspern fuhr er mit seiner neuen, tiefen Stimme fort: „Ich würde sogar sagen, er säuft. Entspricht dies der Wahrheit, so antworte laut und deutlich Takosa und schnipse dabei". Thembane tat alles, was Kunga junior ihm auftrug. In gleicher Manier wiederholte der kleine Nhanga Kunga einfach alle Informationen, die Thembane ihm kurz zuvor anvertraut hatte, und ließ Thembane schön brav Takosa sagen und dabei schnipsen.

Das hatte allerdings wenig mit Hellseherei zu tun. Thembane und sein Freund Mahembe sahen sich etwas erstaunt an und begannen zu zweifeln, ob Kunga junior auch wirklich wusste, was er tat.

Der kleine Nhanga Kunga setzte noch einen drauf und kündigte an, dass er eine Verzauberung vornehmen müsse. Dazu brauche er nun absolute Ruhe. Das sei nämlich gar nicht einfach. Kunga junior nahm sich jeweils drei Kaurischneckenhäuschen und ließ sie – wie sein Vater es immer tat – in den Handflächen kreisen. Das konnte er wirklich gut. Das hatte er auch schon häufig genug geübt, und zwar immer dann, wenn er Großer Nhanga Kunga spielte. Die Augen hielt er selbstverständlich fest verschlossen. Kunga junior war richtig angespannt. Er blinzelte nicht einmal. Die perfekte Show. Anschließend begann er heftig zu schnaufen, genau so, wie sein Vater es immer tat. Doch als sein Schnaufen am heftigsten war, hörte er Thembane und Mahembe kichern. Er ärgerte sich darüber sehr – was er sich allerdings nicht anmerken ließ. Selbstbewusst verkündete er einfach, dass Thembanes Vater nun verzaubert sei.

Enttäuscht machten sich Thembane und Mahembe auf den Weg nach Hause. Keiner sprach ein Wort. Die beiden Freunde wagten es nicht einmal, sich anzusehen. Mahembe schämte sich, da er seinem Freund falsche Hoffnungen gemacht hatte. Er ärgerte sich über die Arroganz Kunga Juniors, der sich tatsächlich einbildete, ein richtiger Nhanga zu sein. Und Thembane schmollte stumm vor sich hin, weil er wusste, was ihm und seiner Mutter am Abend wieder blühen würde, sobald sein Alter besoffen heimkehrte. Er hätte seiner Mutter so gerne geholfen. Schließlich war sie es, die am meisten unter

Rombe litt. Thembane presste die Lippen fest zusammen und ballte seine Fäuste. Noch wäre er zu klein, um seinem Vater Einhalt zu gebieten, bedauerte er sein Schicksal. Aber die Zeit würde kommen.

Plötzlich standen sie auch schon vor dem Gehöft, wo Thembane wohnte. Mahembe sah es als erster. Aber er konnte nicht glauben, was er gerade gesehen hatte. Ohne ein Wort sagen zu können, stupste er Thembane nur an und zeigte in den Hof. Jetzt konnte es auch Thembane sehen. War das zu glauben? Thembane fuhr sich an die Stirn, um sicherzugehen, dass er kein Fieber hatte und nicht phantasierte: Rombe war bereits zuhause. Aber nicht, dass er etwa randalierte oder brüllte – zugegeben, es war auch niemand da, mit dem er hätte streiten können. Nein, Rombe stand doch tatsächlich im Hof über zwei große Wannen gebeugt und machte die Wäsche. Dabei sang er ein schönes Lied und freute sich seines Lebens. Als er seinen Sohn und dessen Freund Mahembe bemerkte, rief er ihnen ein gutgelauntes *unwady* zu, was so viel wie Hallo bedeutet, und widmete sich wieder liebevoll der Wäsche seiner Familie.

Thembane und Mahembe sagten wie aus einem Munde: „Kunga junior!" Der Zauber des kleinen Nhanga Kunga hatte offensichtlich Wirkung gezeigt. Aufgeregt liefen sie zum Haus des großen Nhanga Kunga, um den kleinen Nhanga Kunga zu benachrichtigen. Dieser konnte ebenfalls nicht glauben, was die beiden berichteten und lief mit ihnen zurück zur Elternhütte Thembanes, um sich zu überzeugen.

Mittlerweile hatte sich vor dem Hof eine Menschenmenge neugieriger Nachbarn gebildet. Die Nachbarn waren ebenso überrascht und tuschelten. Rombe richtete sich mehrmals auf, um seinen Rücken zu dehnen, und winkte bei dieser Gelegenheit stets seinen Nachbarn mit einem breiten Lächeln zu. Als er mit dem Waschgang fertig war, machte er sich daran, die Wäsche auf die eben erst angebrachte Wäscheleine zu hängen – wie lange hatte ihn Chiguawilane schon darum gebeten; sie musste die Wäsche bislang immer notdürftig über den Zaun hängen.

Als Rombe die kurzen, bunten Höschen seiner Frau auf der Wäscheleine befestigen wollte, brachen die Schaulustigen endgültig in schallerndes Gelächter aus – was Rombe übrigens nicht im Geringsten störte. Er liebte seine Arbeit und war an jenem Tag ein durch und durch glücklicher Mann. Dieses Glück würde er sich durch nichts nehmen lassen.

In der Zwischenzeit kehrte auch Chiguawilane heimwärts. Als sie die Menschenmenge vor ihrer Hütte entdeckte, war sie zunächst sehr erschrocken, da sie vermutete, es sei ein Unglück geschehen. Sie kämpfte sich durch die vor Lachen tobende Menge bis in die erste Reihe. Und als sie ihren Gemahl dabei beobachten musste, wie er Wäsche aufhängte, hielt sie sich entsetzt die Hände vor den Mund, damit niemand ihren Aufschrei bemerken sollte.

Das kann doch wohl nicht wahr sein, sagte Chiguawilane zu sich selbst. Ungläubig näherte sie sich ihrem Rombe, so als müsse sie sich erst aus nächster Nähe davon überzeugen, dass sie noch ganz normal und der wäscheaufhängende Mensch wirklich ihr Gatte Rombe ist.

Als Rombe sein liebes Weib bemerkte, strahlte er mit der Sonne um die Wette, ließ die Wäsche Wäsche sein und begrüßte Chiguawilane zärtlich. Chiguawilane war mehr als verlegen und wusste gar nicht, wie ihr geschah. Sollte sie sich freuen oder ernsthaft Sorgen machen?

Auch die Leute waren so etwas nicht gewohnt, wo doch der Hüttensegen normalerweise bei ihren Nachbarn immer schief hing. Sie amüsierten sich köstlich. Und als Rombe auch noch sagte, dass er das Essen bereits fertighabe, kamen sie aus dem Lachen nicht mehr heraus. „Gegrilltes Hähnchen auf Kokosreis und Matapa!", teilte er seiner Frau stolz mit.

„Was glotzt ihr so blöde?", keifte Chiguawilane verärgert die sensationslustige Nachbarschaft an. „Schert euch heim und kehrt vor eurer eigenen Hüttentür!"

Die Nachbarn machten sich auf den Heimweg. Einige äfften Rombe nach, wie er zu seiner Frau „Gegrilltes Hähnchen auf Kokosreis und Matapa" gesagt hatte. Kunga junior war fassungslos. Seine erste Verzauberung war ein voller Erfolg. Dabei wusste er gar nicht, wie es dazu kommen konnte.

Als er sah, dass Thembanes Vater mit der Wäsche zugange war, hätte er weinen können vor Glück. Das war das Bild, das ihm während der Verzauberung durch den Kopf gegangen war, als Thembane und Mahembe kicherten. Er hatte im Geiste Rombe beim Wäschewaschen gesehen und so den Zauber bewirken können.

Die Tage vergingen, und an den neuen Rombe, der den kompletten Haushalt für seine Frau erledigte, hatte man sich bereits gewöhnt. Niemand wunderte sich mehr über ihn oder machte sich gar lustig. Die Nachbarn waren jedoch um ihre tägliche Unterhaltung gebracht, die ihnen sonst immer geboten wurde, als Rombe immer volltrunken nach Hause gekehrt war und seine Familie schikaniert hatte. Aber Rombe trank nicht mehr.

Leider wollte niemand mehr etwas mit dieser Familie zu tun haben, die Männer des Dorfes nicht, weil sie Rombe, diesen Waschlappen, verachteten, die Frauen des Dorfes nicht, weil sie im Grunde ihres Herzens neidisch waren, die Kinder des Dorfes nicht, weil ihnen deren Eltern den Umgang mit Thembane untersagten. Ihre Verachtung und ihr Neid steigerten sich von Tag zu Tag. Sie waren sich einig, dass endlich etwas geschehen müsse.

Als sich einige Frauen an einem heißen Sommertag am Strand trafen, wo sie auf ihre Männer warteten, die bereits seit den frühen Morgenstunden auf Fischfang waren, machten sie ihrem Unmut Luft und ratschten und tratschten über die faule Chiguawilane und ihren lächerlichen Mann Rombe. Sie ließen kein gutes Haar an den beiden. „Wir sollten etwas dagegen unternehmen!", meinte eine Nachbarin. „Habt ihr gesehen, wie Chiguawilane durch das Dorf geht? Sie bildet sich wohl ein, sie sei etwas Besseres!", fügte eine andere hinzu. „Das entspricht nicht unserer Tradition! Wir sollten den großen Nhanga Kunga aufsuchen. Der muss uns helfen, die Tradition in unserem Dorf zu bewahren!", meinte eine dritte aufgeregt. „Genau! Das sind wir unseren Ahnen schuldig!", stimmte eine Vierte zu.

Schon am nächsten Tag trugen die aufgebrachten Nachbarinnen etwas Geld zusammen und machten sich gemeinsam auf den Weg zum großen Nhanga Kunga.

Dort angekommen, plärrten alle gleichzeitig wild und schrill drauf los. Der große Nhanga Kunga wurde sehr ärgerlich und sah sich veranlasst, so laut wie möglich „Ruhe!" zu brüllen. Das blieb nicht ohne Wirkung – zumindest für ein paar Sekunden. Nachdem sich die Frauen nämlich von dem Schreck, den der große Nhanga Kunga ihnen eingejagt hatte, erholt hatten, ging das Geschnattere weiter. Erst als der große Nhanga Kunga der Kräftigsten unter ihnen befahl, sie solle das Anliegen vortragen, verstummten die anderen Weiber. Die Frau kam gleich zur Sache und bestellte ohne Umschweife eine Verzauberung.

„Moooment, so einfach geht das nicht! Was ist denn überhaupt geschehen? Wen oder was soll ich verzaubern?", versuchte der große Nhanga Kunga die Damen zu beruhigen. Bevor die Gruppe wieder in Chaos ausbrechen konnte, deutete er der Kräftigen zu antworten. Sie erzählte, dass es nicht in Ordnung sein könne, dass eine Frau sich nicht selbst um die Wäsche kümmere. Und es sei äußerst peinlich, dass eine Frau ihren Mann in der Küche gewähren ließ. „Nach unserer Tradition soll der Mann die Hütte bauen, das Feld bestellen und auf die Jagd gehen!", keifte sie. „Genau, unsere Tradition ist in Gefahr, unsere schöne Tradition!", fiel ihr eine andere ins Wort. „Unsere Tradition!", riefen alle und hofften, dass sie damit den großen Nhanga Kunga beeindrucken konnten. „Chiguawilane näht sich nur noch schöne Kleider und geht spazieren!" „Und dann grüßt sie uns noch nicht einmal!"

Sie erzählten dem großen Nhanga Kunga auch etwas über das Familienleben ihrer Nachbarn, wie es noch vor wenigen Tagen war, und über die plötzliche Wandlung Rombes.

Der große Nhanga Kunga wunderte sich sehr über die gerade erzählte Geschichte. Das hörte sich ganz danach an, als sei der Nachbar Rombe verzaubert worden. Nur von wem? Er konnte sich keinen Reim darauf machen. Sollte es wirklich einen zweiten Heiler und Zauberer in seinem Gebiet geben? Auf die Idee, dass sein zwölfjähriger Sohn dahinterstecken könnte, kam er allerdings nicht.

Nachdem der große Nhanga Kunga nun die Hintergründe kannte, war er sofort mit einer Verzauberung einverstanden. Anfangs zögerte er ja noch. Aber dann war er wild entschlossen, diesen missgünstigen Weibern eine Lektion zu erteilen.

＊

Voller Spannung und Schadenfreude machten sich die Frauen auf den Heimweg, vorbei an der Hütte von Rombe, Chiguawilane und Thembane. Und die erste Überraschung ließ nicht lange auf sich warten: Im Hof stand wieder Chiguawilane und beugte sich über die Wäschekörbe. Rombe war offensichtlich nicht in der Hütte und würde erst heute Abend wieder arg besoffen heimkehren, freuten sich die Weiber.

Doch die zweite Überraschung stand ihnen noch bevor. Die sollten sie erst in ihren eigenen Hütten erleben – das heißt, eine erlebte sie bereits auf dem Weg nach Hause. Sie traute ihren Ohren nicht, als sie sich ihrem Heim näherte. Da randalierte doch jemand herum, erschrak sie sich. Und als sie unmittelbar vor der Hütte stand, wurde ihr klar, dass es ihr eigener Mann war, der sturzbesoffen mit allem um sich schlug, was er in die Finger bekam, und wie von Sinnen nach ihr rief. Er war wütend, weil sie, also seine Frau, weg war und vergessen hatte, ihm etwas zu essen zuzubereiten. Sie traute sich nicht einzutreten und lief mit zur Nachbarin, bei der es zunächst ruhig zu sein schien. Als die Frauen jedoch die Hütte betraten, bot sich ihnen ein sehr ungewohntes Bild: Der Gemahl lag lautschnarchend in der Ecke auf seiner Strohmatte und dünstete den Kokosschnaps aus. Die ganze Hütte stank danach. Entsetzt kehrten sie um und suchten die anderen Frauen auf, die sie noch eben zum großen Nhanga Kunga begleitet hatten. Bei allen Frauen bot sich das gleiche Bild: Besoffene Ehemänner, die entweder randalierten oder wie tot in der Hütte lagen und ihren Rausch ausschliefen. Gemeinsam bejammerten sie ihr Schicksal. „Dieser Nhanga Kunga hat uns betrogen!"

„Betrogen hat er uns!" „Dieser unfähige Medizinmann hat uns nur viel Geld gekostet!" „Ob er uns missverstanden hat?"

Bei Rombe, Chiguawilane und Thembane ging es indes äußerst harmonisch zu. Rombe war mittlerweile heimgekehrt. Er hatte doch tatsächlich in der Stadt eine Anstellung in einer Schreinerei bekommen, wo er drei Mal pro Woche arbeiten sollte. So hatte er die übrigen Tage der Woche, um sich der Landwirtschaft und den anfallenden Reparaturen der Hütte zu widmen. Die Tradition war also gewahrt, wie es die Nachbarinnen gefordert hatten.

Der große Nhanga Kunga war sehr zufrieden mit seiner weisen Verzauberung. Jedoch ließ es ihm keine Ruhe zu erfahren, von wem Rombe zuvor verzaubert worden war. Als er so darüber nachdachte, fiel ihm ein, dass er den Beutel mit den Kaurischneckenhäuschen anders vorgefunden hatte als sonst. Normalerweise band er den Lederbeutel mit einer speziellen Schlaufe zu. Als er jedoch heute den Beutel für die Frauen, die ihn aufgesucht hatten, vom Haken nahm, waren die Riemen des Beutels nur einmal übereinandergeschlagen, wunderte er sich. Und dann kam ihm in den Sinn, dass er sein Kissen nicht auf Anhieb gefunden hatte. Seltsam!

Aber er konnte ja hellsehen. Schließlich war er der große Nhanga Kunga. So nahm er abermals auf seinem Kissen Platz, warf seine Zauberkaurischneckenhäuschen auf die Strohmatte und begann, das Bild zu studieren. Das Zauberkaurischneckenhäuschenbild war eindeutig: Sein eigener Sohn war derjenige gewesen, der Rombe verzaubert hatte.

Dem großen Nhanga Kunga liefen die Tränen der Rührung über die Wangen. Wenn das seine verstorbene Frau noch erlebt hätte. Er war mehr als glücklich, dass er eines Tages einen würdigen Nachfolger haben würde. Er hatte sich schon häufig gewünscht, dass sein Sohn ebenfalls ein bedeutender Nhanga werden sollte. Aber er war sich bislang nicht sicher, ob sein Sohn überhaupt Interesse dafür haben würde. Außerdem war Kunga junior ihm auch noch viel zu jung für diese bedeutende Aufgabe vorgekommen. Und nun so etwas! Sein Stolz war unermesslich.

Augenblicklich erhob er sich von seinem Kissen und ließ seine sonore Stimme über den Hof erschallen, als er nach seinem Sohn rief.

Ganz eingeschüchtert erschien Kunga junior. Seines Vaters Gesichtszüge kannte er sehr genau. So schaute der Vater allerdings immer dann, wenn er seinen Sohn bestrafen wollte. Was hatte das zu bedeuten? Doch zu seiner großen Überraschung setzte sich der große Nhanga Kunga mit seinem Sohn gemeinsam auf die Strohmatte. Das Zauberkaurischnecken-häuschenbild von vorhin war noch zu sehen. Er legte einen Arm um seinen Sohn und sprach: Noch bist du ein kleiner Nhanga Kunga. Aber glaube mir, mein Sohn, du wirst eines Tages ein ganz großer werden.

„Ein Kind ist wie eine Ranke der Kalebasse. Wenn man sie nicht von Zeit zu Zeit in die richtige Richtung leitet, wächst sie da, wo sie nicht soll."

Die faulen Kinder

Es waren einmal Mann und Frau, die sich lange Zeit nach Kindern sehnten, die ihnen die Natur jedoch zunächst verwehrt hatte. Umso größer war die Freude, als die Frau endlich ein Kind gebar und im Jahr darauf sogar ein zweites. Sie liebten ihre Kinder über alles. Dem Erstgeborenen gaben sie den Namen Chipo, was so viel wie Geschenk bedeutet, dem jüngeren Bruder den Namen Latif, der Sanfte.

Chipo und Latif wuchsen heran und wurden prächtige Burschen, die ihren Eltern viel Freude bereiteten, jedoch auch viele Sorgen machten – zumindest der Vater sah Ungemach auf die Familie zukommen; die Mutter weniger, da sie vor Liebe blind war.

In Afrika ist es von jeher üblich, dass die Kinder im Haushalt und auf dem Feld mithelfen, sobald sie dazu in der Lage sind. Jungs gehen gar dem Vater zur Hand, wenn dieser die Hütte repariert oder ein Tier schlachtet. Aber Chipo und Latif halfen weder der Mutter noch dem Vater. Geschickt drückten sie sich vor jeglicher Arbeit. Sie waren stinkfaul. Noch nicht einmal bei der Ernte der Kokosnüsse waren sie behilflich, dabei bereitet gerade diese Arbeit besonders Jungs große Freude – obgleich es nicht ganz ungefährlich ist, wenn sich die Kleinen wie Paviane in die Baumkronen der Kokospalmen hangeln, barfuß, die Machete zwischen den Zähnen.

Ehrlich gesagt, trifft die beiden keine Schuld, oder besser gesagt, nicht die alleinige Schuld. Sie wurden von der Mutter zur Faulheit erzogen. Aus falscher Fürsorge wollte sie stets jegliche Anstrengung von ihren Kindern fernhalten, was Chipo und Latif natürlich sehr genossen. Daran gewöhnten sie sich gern. Der Vater war da schon strenger, hatte aber nur wenig Handhabe gegen seine Frau. Forderte er seine Söhne beispielsweise auf, Palmwedel zu sammeln und für die Reparatur des Daches herzurichten, ging alsbald die Mutter dazwischen, da sie der Meinung war, die großen Palmwedel mit ihren messerscharfen Blättern seien viel zu gefährlich für kleine Jungs – Chipo und Latif waren übrigens elf und zehn Jahre alt. Dabei war das nun wirklich keine schwere Arbeit. Das Flechten der Blätter erforderte nur ein wenig Geschick.

„Wie wollen unsere Söhne denn als Ehemänner später ihren Frauen die Hütte reparieren, geschweige denn eine bauen?", erkundigte sich der Vater bei seiner Frau.

Und wenn der Vater dann weiter protestierte und darauf bestand, dass die Söhne halfen, war es gewöhnlich die Mutter, die ihm zur Hand ging, nicht zuletzt um dem Gejammer ihres Gatten ein Ende zu bereiten.

„Als die beiden noch an meiner Brust hingen, mussten wir auch irgendwie zurechtkommen!", argumentierte die Mutter.

Das stimmt wohl! Aber so mühselig war das gar nicht. Eine afrikanische Frau bindet nämlich ihr Kind mit einem bunten Tuch kurzerhand auf ihren Rücken, sodass sie ihrer Arbeit ungehindert nachgehen kann, ganz gleich ob sie den Hof fegt, das Feld bestellt, die Hühner füttert oder den Salat putzt. Zugegeben: Mit zwei Knaben fast gleichen Alters gestaltet sich die Angelegenheit etwas komplizierter. Aber die Eltern waren sich von Beginn an einig, dass in ihrem Fall auch der Mann einen Sohn auf dem Rücken tragen darf, ohne dabei sein Gesicht zu verlieren. Es machte sich im Dorf auch niemand darüber lustig. Im Gegenteil: Man respektierte den Vater und Ehemann dafür – obgleich das für die anderen Männer des Dorfes nie in Frage gekommen wäre. Wenn ihre Frauen allerdings bewundernd von Chipos und Latifs Vater sprachen und dabei einen schwärmenden Gesichtsausdruck aufsetzten, mag der eine oder andere Familienvater sicherlich seine Rolle in der Familie überdacht haben.

◉✳◉

Die Jahre gingen ins Land, und aus Chipo und Latif wurden schließlich junge Männer, die nun fast das Alter erreicht hatten, sich selbst ein Weib zu suchen und eine Familie zu gründen. Aber selbst dazu schienen sie zu faul. Man sah nach wie vor immer nur die Eltern schuften und Chipo und Latif faul im Schatten eines Baumes liegen.

Mittlerweile hatte die Mutter erkannt, dass ihr Mann Recht hatte und sie besser daran getan hätte, die beiden Faulpelze an Arbeit zu gewöhnen. Ihr fiel plötzlich die Mahnung ihrer Mutter und ihrer Großmutter ein: „Ein Kind ist wie eine Ranke der Kalebasse. Wenn man die nicht von Zeit zu Zeit in die richtige Richtung leitet, wächst sie da, wo sie nicht soll". Aber es schien zu spät. Die Ranken wucherten bereits.

Die späte Einsicht, versagt zu haben, quälte sie sehr. Immer wieder versuchte sie etwas gutzumachen und ihre beiden Söhne doch noch dazu zu bringen, sie beispielsweise aufs Feld zu begleiten und ihr zur Hand zu gehen. Aber selbst wenn ihr dies ab und an gelang, wünschte sie sich anschließend, sie hätte die Nichtsnutze besser zu Hause gelassen, da sie aber wirklich für rein gar nichts zu gebrauchen waren und eigentlich nur zusätzliche Arbeit verursachten.

Die beiden prächtigen Kerle, das Geschenk und der Sanfte, waren das Gespött im ganzen Dorf. „Schaut nur, da kommen Chipo und Latif mit ihrer Mutter vom Feld! Sind die wieder müde. Die schlafen ja beim Gehen ein und verlieren die ganze Ernte aus dem Korb!", spotteten die Dorfbewohner.

Besonders die Mutter litt sehr unter dem Hohn und der Schadenfreude der Nachbarn. Ihre missratenen Söhne, die sie doch über alles liebte, bereiteten ihr nur noch Verdruss. Die tägliche Arbeit, die sie bislang stets frohen Mutes bewältigte, wurde ihr immer mehr zur Last. Hinzu kam die Sorge um die Zukunft der beiden verwöhnten Blagen.

Die Mutter erkrankte schwer und binnen weniger Monate verstarb sie. Nun war der Vater ganz auf sich gestellt. Auf Chipo und Latif konnte er weder bei der Hausarbeit noch bei den Arbeiten auf dem Feld zählen. Wenn ihm die Arbeit zu viel wurde, musste er Verwandte oder Nachbarn bitten, ihm zu helfen – was diese gegen Entlohnung in Form von freier Kost übrigens gerne taten.

Der Vater war nicht böse auf seine Söhne, er hatte eher Mitleid mit ihnen. Denn schließlich würden sie bald alleine auf dieser Welt sein – der Vater spürte, dass auch er sich bald auf den Weg zu seinen Vorfahren machen würde. Was könnte er nur unternehmen, um seinen Kindern zu helfen? In seiner Not wandte er sich an Nguluan, den weisen Dorfältesten. Nguluan hörte sich aufmerksam die Sorgen und Nöte Pandus an und wusste Rat. Pandu war von Nguluans List begeistert. Seinen Söhnen würde nichts anderes übrig bleiben, als zu arbeiten.

Es war nun an der Zeit, ein ernstes Wort mit seinen Söhnen zu reden und sie auf die Zeit nach seinem Ableben vorzubereiten. Der Vater sprach: „Meine lieben Kinder, ich spüre, dass ich recht bald bei eurer Mutter sein werde. Seit geraumer Zeit habe ich mir Gedanken gemacht, wie es dann mit euch weitergehen soll. Aber macht euch keine Gedanken. Ich habe für euch vorgesorgt."

Chipo und Latif bekamen große Augen. Die Freude darüber, dass ihr Vater für ihre Zukunft bereits alles Notwendige in die Wege geleitet hatte, ließ die anfängliche Traurigkeit über den bevorstehenden Tod Pandus zunächst vergessen. „Vater, Vater, so sprich doch, was hältst du für uns bereit?", wollte das Geschenk alsbald wissen. Und der Sanfte fragte: „Hieltest du bislang einen Schatz vor uns verborgen?"

„In der Tat", antwortete der Vater, „einen wertvollen Schatz. Jedoch wird es nicht einfach sein, diesen Schatz zu bergen. Ihr habt euer ganzes Leben nichts gearbeitet und nur auf meine Kosten und die eurer lieben Mutter gelebt. Wenn ihr also den Schatz haben wollt, müsst ihr etwas dafür tun. Ihr werdet mehr erfahren, wenn die Zeit gekommen ist!"

In den nächsten Wochen dachten Chipo und Latif so viel nach, wie noch nie zuvor in ihrem Leben. Sie rätselten, wo der Vater den Schatz verborgen haben könnte, kamen aber zu keinem einleuchtenden Schluss. Außerdem machten sie sich darüber Gedanken, um welche Art von Schatz es sich wohl handeln würde: Elfenbein, Diamanten oder gar Silber oder

Gold? Allerdings beschämte es die Brüder, dass ihre Eltern den Schatz Zeit ihres Lebens nicht selbst nutzten, sondern eigens für sie, die faule Brut, aufbewahrten.

Als der Vater fühlte, dass sein Ende nah war, rief er Chipo und Latif zu sich an sein Lager und sprach mit schwacher Stimme: „Meine lieben Kinder, ich werde mich nun bald in das Reich der Toten aufmachen. Aber sorgt euch nicht. Ihr wisst ja, ein Schatz wartet auf euch!" Das Sprechen strengte ihn sehr an. Nach einer kurzen Pause fügte er hinzu: „Der Schatz ... er ist in unserem Grund und Boden ... vergraben ... Abermals musste Pandu seine Rede abbrechen. „Dort, wo ...!" Pandu hatte keine Kraft mehr, um seinen Satz zu beenden. Sein Blick erstarrte plötzlich. Pandu starb. Aber was gesagt werden musste, war gesagt.

„Vater, Vater!" riefen die beiden Söhne verzweifelt, „verlass uns nicht!" Nochmals erlebten Chipo und Latif den schmerzhaften und endgültigen Abschied eines geliebten Menschen.

Ihnen war klar, dass sie nun völlig auf sich alleine gestellt waren. Von den Verwandten oder gar den Nachbarn war keine Hilfe zu erwarten. Im Gegenteil: Die warteten doch nur darauf zu erleben, wie die beiden Faulpelze scheitern würden.

„Lass uns nicht verzweifeln, Chipo!" sagte Latif sanft zu seinem Bruder. „Wenn wir zusammenhalten, werden wir das schon alles durchstehen! Und den Schatz haben wir ja auch noch. Den müssen wir nur noch finden."

Darin waren sich die Brüder also schon mal einig. Man besann sich auf die letzten Worte des Vaters und musste sich eingestehen, dass Pandus Aussage nicht sehr präzise war. Wenn sie auch Zeit ihres Lebens auf dem Grund und Boden der Familie noch nie gearbeitet hatten, wussten sie dennoch sehr genau, wie groß das Grundstück war. Und das alles sollten sie mit ihrer eigenen Hände Arbeit umgraben? Unmöglich!

Chipo schlug vor, zunächst den weisen Dorfältesten in dieser Angelegenheit zu befragen. Sie müssten dann eben das Geheimnis um den Familienschatz preisgeben. Aber er war sich sicher, dass Nguluan, sobald er von der schier unvorstellbar harten Arbeit erfährt, die auf sie zukommen wird, ihnen beipflichtet und mit gutem Rat zur Seite steht, vielleicht sogar Hilfskräfte organisiert – notfalls würde man ihm etwas von dem Schatz abgeben müssen, wandte Latif sanft ein. Aber das müssten die beiden in Kauf nehmen.

Umso verblüffter waren die Brüder, als der weise Nguluan ihnen mitteilte, dass er bereits von dem Schatz wisse. Ihr Vater selbst habe ihm davon berichtet. Aber er könne ihnen auch nicht mehr sagen, als ihr Vater auf dem Totenlager. „Wenn ihr in den Besitz des Schatzes gelangen wollt, bleibt euch nichts anderes übrig, als danach zu graben. Vielleicht sind euch die Götter hold, und ihr beginnt zufällig genau an der Stelle, an der der Schatz verborgen ist!"

Daraufhin gab Nguluan Chipo und Latif noch ein paar praktische Ratschläge mit auf den Weg und trug ihnen auf, ihm vom Fortschritt ihrer Arbeit stets Bericht zu erstatten. Enttäuscht kehrten die beiden Brüder nach Hause.

Aber da half nun kein Zetern. Wollten sie nicht hungers sterben, mussten sie arbeiten. Gleich morgen wollten sie beginnen. Bereits beim ersten Hahnenschrei – es war noch nicht einmal richtig hell – machten sich Chipo und Latif schließlich an die Arbeit. Das geeignete Gerät für die Umgrabungsarbeiten auszuwählen, sorgte anfänglich zwar für eine Verzögerung – man hatte sich zunächst irrtümlicherweise für die Axt entschieden, anschließend eine Probegrabung mit der Mistgabel versucht, bevor man beherzt zum Spaten griff –, aber dann gab es kein Halten mehr. Wie besessen beackerten sie den Acker – zumindest einen kleinen Teil davon. Aber keine Spur von einem Schatz. Es ist auch schwierig nach etwas zu suchen, von dem man gar nicht genau weiß, was es ist. Entmutigt und völlig entkräftet kehrten sie nach Hause zurück.

Gleich am nächsten Tag suchten sie wieder Nguluan auf, den weisen Dorfältesten, um ihn von der Anstrengung und Sinnlosigkeit ihres Unterfangens in Kenntnis setzen. Mit Tränen in den Augen zeigten sie dabei ihre mit Schwielen und Blasen überzogenen Hände.

„Meine lieben Kinder, Söhne Pandus und Lubayas, ihr seid auf dem richtigen Weg. Wie sagte bereits die Schildkröte: ‚Arbeit, die begonnen wurde, ist schon so gut wie fertig'. Seid guten Mutes und gebt nicht voreilig auf. Ich würde übrigens an eurer Stelle bei dieser Gelegenheit gleich Mais oder Maniok anpflanzen."

Chipo und Latif hatten keine Wahl und taten, wie ihnen der Dorfälteste empfohlen hatte.

Viele Wochen später war tatsächlich das ganze Feld umgegraben. Abermals suchten Chipo und Latif den Dorfältesten auf, um ihn über den Fortschritt ihrer Arbeit in Kenntnis zu setzen. Natürlich mussten sie als erstes loswerden, dass sie diesen blöden Schatz noch immer nicht gefunden hätten. Nguluan stellte jedoch erfreut fest, dass in der Stimme der beiden Söhne Pandus und Lubayas auch so etwas wie Stolz mitschwang.

Er bat Chipo und Latif, ihn zu dem Familienacker zu begleiten, damit er sich die Sache mal selbst ansehen könnte.

Aufgeregt liefen die jungen Männer voraus, sodass Nguluan Mühe hatte, zu folgen. Mit Stolz gefüllter Brust standen die beiden am Ackerrand, um die Früchte ihrer Arbeit zu präsentieren – im wahrsten Sinne des Wortes, könnte man sagen; denn der größte Teil des Feldes war mit prächtigen Maisstauden und Manioksträuchern übersät.

„Seht ihr, meine lieben Kinder, Söhne Pandus und Lubayas, ihr habt den Schatz gefunden, einen Schatz den man mit Gold nicht aufwiegen könnte!", sprach Nguluan, der weise Dorfälteste mit pathetischer Stimme. „Eure Eltern, ganz gleich wo sie sich gerade befinden, sind sicherlich stolz auf euch!"

Chipo und Latif hatten begriffen, welch ungeheuren Reichtum sie geerbt hatten. Sie umarmten sich herzlich und beschlossen, ihre guten Eltern noch viel glücklicher zu machen. „Nguluan, sieh nur, wie riesig dieses Feld ist. Die Ernte wird doch sicherlich auch für zwei Familien ausreichen", sagte Chipo zu dem Dorfältesten. Latif erklärte sanft, dass sie sich nun endlich eine Frau suchen wollten, um selbst Familien zu gründen.

Frohen Mutes kehrten die drei ins Dorf zurück – der listige Nguluan hatte den ganzen Heimweg über ein ausnehmend zufriedenes Grinsen im Gesicht.

102

„Die Furcht vor der Gefahr ist schrecklicher als die Gefahr selbst."

Die Mausefalle, die allen zum Verhängnis wurde – nur nicht der Maus

Es war einmal eine kleine Maus, die hatte panische Angst davor, einmal in einer Mausefalle enden zu müssen. Sie wusste von Erzählungen, welch qualvoller Tod das bedeutete.

Eines Tages entdeckte sie in der Speisekammer doch tatsächlich eine Mausefalle. In letzter Sekunde hatte sie dieses brutale Mordinstrument entdeckt. Rein zufällig eigentlich. Sie hatte nämlich gerade erst die Speisekammer betreten, da öffnete sich die Tür derselben, und die Bäuerin trat ein, um die Schale mit dem gerösteten Maniok zu holen. Durch die offene Tür fiel Licht auf die Mausefalle und die kleine Maus entdeckte sie rechtzeitig. Ihr pochte das Herz. Sie war wie gelähmt und traute sich nicht mehr, an den leckeren Karotten zu knabbern, die sich gleich hinter der Maniokschale neben Tomaten und Zwiebeln in einem geflochtenen Korb befanden.

Nachdem die Bäuerin die Speisekammer verlassen hatte, machte sich die kleine Maus zugleich durch ihren Geheimeingang aus dem Staub und zog sich verängstigt in ihr Mauseloch zurück. Dort blieb sie zunächst und dachte nach.

Nach geraumer Zeit beschloss sie, ein anderes Tier des Hofes um Hilfe zu bitten. Sie wagte sich aus ihrem Mauseloch heraus und huschte schnell wie der Blitz zum Hühnerstall.

Dort wandte sie sich vertrauensvoll an den Hahn und sprach: „Hahn, Hilfe, Hahn, du musst mir helfen!"

Der Hahn, der gerade dabei war Körner aufzupicken, zuckte nur kurz mit dem Kopf, erblickte die hysterische Maus und zog es vor, weiter zu speisen.

„Stell dir vor", fuhr die kleine Maus aufgeregt fort, „die Bäuerin hat eine Mausefalle aufgestellt. Kannst du mir nicht helfen, diese zu entfernen?"

Der stolze Hahn, der nicht gestört werden wollte, ließ sich immerhin dazu herab, der Maus eine Antwort zu geben: „Na und? Lauf um die Falle herum und lass mich nun in Frieden!"

Die kleine Maus gab nicht auf und stattete dem Schwein einen Besuch ab: „Schwein, Hilfe, Schwein, du musst mir helfen! Die Bäuerin hat eine Mausefalle aufgestellt. Kannst du mir nicht helfen, diese zu entfernen?"

Das Schwein wühlte gerade mit der Schnauze im Dreck und wollte bei seiner Lieblingsbeschäftigung eigentlich nicht gestört werden. Es antwortete: „Grunz, was habe ich mit deiner blöden Mausefalle zu tun? Sieh zu, dass du verschwindest!" und wühlte weiter im Dreck.

Enttäuscht versuchte sie es beim Ochsen. Normalerweise wagte sie es nie, dem großen Tier zu nahe zu kommen. Wenn nämlich ein Ochse auf eine Maus tritt, und selbst, wenn es nur aus Versehen wäre, wäre dies genauso schlimm wie eine Mausefalle. Außerdem wäre es für den Ochsen am schwierigsten, in die Speisekammer zu gelangen und ohne aufzufallen die Mausefalle zu entfernen. „Aber mir bleibt keine andere Wahl", dachte sie. „Ochse, Hilfe, Ochse, du musst mir helfen!"

„Wer ruft mich da?", fragte der Ochse. „Hallo, hier unten, ich bin's, die Maus!", machte sich die kleine Maus bemerkbar.

„Die Bäuerin hat eine Mausefalle aufgestellt. Kannst du mir nicht helfen, diese zu entfernen?"

Der Ochse fing an zu lachen und antwortete: „Du kleine, dumme Maus, warum sollte ich dir helfen? Mir kann so eine Mausefalle sowieso nicht gefährlich werden. Verzieh' dich einfach und geh' mir nicht auf die Nerven!"

Verzweifelt huschte die kleine Maus wieder in ihr Mauseloch und verkroch sich dort. Sie war den Tränen nahe.

Nur wenige Zeit später – die Sonne war gerade untergegangen – schlich sich eine giftige Schlange in die Speisekammer. Bevor sie sich dort überhaupt orientieren konnte, schnappte die Falle auch schon zu und erwischte den Schwanz der Schlange. „So ein Mist!", dachte die Schlange, „was ist denn das?", fragte sie sich und versuchte wütend die schmerzende Mausefalle abzuschütteln, indem sie wild mit dem Schwanz hin und her schlug. Aber es half nichts. Im Gegenteil. Es bereitete ihr nur noch mehr Schmerzen.

Die Bäuerin hatte das Zuschnappen der Falle gehört und eilte zur Speisekammer, in der Hoffnung, die lästige Maus endlich gefangen zu haben. Sie öffnete die Tür und da sie in der Dunkelheit nichts sah, griff sie einfach blind an die Stelle, an der sie die Mausefalle aufgestellt hatte. Dort lauerte aber die giftige Schlange und biss die Bäuerin in die Hand.

Die Bäuerin tat einen entsetzlichen Schrei und rief sofort nach ihrem Mann. Nachdem der hörte, was geschehen war, griff er schnell nach der verletzten Hand seiner Frau und versuchte, das Gift herauszusaugen.

Aber es half nichts. Die Hand und schließlich der ganze Arm schwollen in kürzester Zeit an und die Frau konnte bereits am nächsten Tag nichts mehr arbeiten. Geschwächt legte sie sich auf ihre Strohmatte und wollte nur noch schlafen.

Die Schlange indes verschwand wieder, wenn auch nicht so geräuschlos, wie sie gekommen war. Schließlich zog sie die lästige Mausefalle hinter sich her, noch immer damit beschäftigt, sich eventuell doch noch von ihr befreien zu können.

Damit seine Frau wieder zu Kräften kommen sollte, schlachtete der Mann den Hahn, um eine stärkende Brühe zuzubereiten. Er gab sie seiner Frau zu trinken, aber sie wurde immer schwächer und schwächer.

Mittlerweile hatte es sich im Dorf herumgesprochen, dass die Bäuerin schwer erkrankt sei. Auch die Verwandten außerhalb des Dorfes erreichte die schlechte Kunde. Die machten sich alsbald auf den Weg, um ihrer kranken Verwandten einen Besuch abzustatten. In Afrika ist es durchaus üblich, dass man dann gleich mehrere Tage zu Besuch bleibt. Da der Mann aber nicht genügend Vorräte hatte, um die Verwandten versorgen zu können, schlachtete er das Schwein.

Doch auch die fürsorgliche Pflege der Verwandten half nicht. Eine Cousine suchte gar einen Medizinmann auf und ließ sich ein Gegengift zusammenmischen. Aber auch das Gegengift blieb ohne Wirkung.

Schließlich verstarb die Bäuerin und begab sich in das Reich ihrer Ahnen. Zur Trauerfeier eilten von nah und fern Freunde und Verwandte herbei. In Afrika dauert eine solche Trauerfeier mitunter mehrere Tage. Um die Trauernden alle bewirten zu können, blieb dem Mann nichts anderes übrig, als auch noch seinen Ochsen zu schlachten.

Nach diesen vielen aufregenden Tagen wagte sich die kleine Maus endlich wieder aus ihrem Mauseloch. Es wurde aber auch Zeit, denn schließlich waren ihre Vorräte zur Neige gegangen. Vorsichtig betrat sie die Speisekammer, um sich zu versichern, dass die Mausefalle wirklich verschwunden war. „Keine Mausefalle, weg, endlich!", stellte sie erleichtert fest und sagte überglücklich zu sich selbst: „Ich hätte gleich die Schlange fragen sollen!"

„Man gibt seinem Kind bei der Rückkehr keine Anweisungen, sondern wenn es aufbricht."

Der ungleiche Handel

Es war einmal ein Bitonga-Junge mit dem Namen Maluwan, der mit seinen Eltern im geheimnisvollen Palmenwald Mosambiks lebte. Neben ein wenig Landwirtschaft und ein paar Nutztieren, die sie sich hielten – einen Hahn und einige Hennen, ein schwarzborstiges Hausschwein, einige Enten und zwei Ziegen –, verdiente Maluwans Familie Geld mit der Herstellung und dem Verkauf von allerlei nützlichen Gegenständen aus Schilf oder Holz. Maluwans Vater war ein geschickter Handwerker, dem keine Arbeit zu viel war. Ab und an, wenn seine Frau mit den Hausarbeiten fertig war, unterstützte sie ihren Mann, indem sie beispielsweise die Gegenstände mit fantasievollen Ornamenten verschönerte.

Eines schönen Tages saßen Maluwans Eltern beisammen und arbeiteten an Tabakspfeifen. Schon über hundert hatte der Vater hergestellt, die seine Frau alsbald verzierte. Maluwan, der bereits dreizehn Jahre alt war, musste nur gelegentlich helfen, beispielsweise das Material herbeiholen oder die fertiggestellten Gegenstände wegräumen.

Gerade spielte Maluwan vor der Hütte mit seinen Freunden. Als seine Eltern ihn so während ihrer Arbeit beobachteten, unterhielten sie sich über Maluwan. Der Vater sagte zu seiner Frau: „Glaubst du nicht, wir sollten Maluwan mehr in unser Geschäft einbinden? Er sollte lernen, mehr Verantwortung zu übernehmen." „Gute Idee", stimmte sie ihrem Mann zu. Der

Vater fuhr fort, dass er sich bereits seit geraumer Zeit Gedanken gemacht habe und er sei zu dem Schluss gekommen, dass sein Sohn die Tabakspfeifen auf dem Markt in Morrumbene verkaufen, genauer gesagt, gegen Mapira eintauschen solle. Mit Mapira bezeichnen die Bitongas übrigens Hirse. Die Vorräte an Hirse gingen ohnehin zur Neige, und mit diesem Tauschgeschäft könne Maluwan Erfahrungen sammeln.

Als der Vater hunderfünfzig Pfeifen fertiggestellt hatte, packte er sie in einen großen Korb, den sein Sohn auf dem Kopf balancieren sollte. Maluwan machte sich früh am Morgen auf den Weg zum Markt von Morrumbene.

Er stellte sich gut hörbar an eine vor der Sonne geschützte Ecke des Marktes und pries lauthals seine Ware an: „Tabakspfeifen, Tabakspfeifen", rief er, „schön verzierte Tabakspfeifen, gegen Mapira einzutauschen, Mapira gegen Tabakspfeifen!"

Es dauerte nicht lange, und Maluwan hatte bereits interessierte Kundschaft. „Wie viel Mapira willst du denn für eine Tabakspfeife haben?", fragten die Leute. Da Maluwan den Wert einer Pfeife nicht kannte und keine Ahnung hatte, wie viel Mapira er für eine Pfeife nehmen könnte, sagte er schnell: „Füllt mir einfach eine Pfeife mit Mapira. Das, was an Mapira in die Pfeifenöffnung passt, soll der Preis für eine Tabakspfeife sein." Erstaunt sahen sich die Leute an. Sie sagten aber nichts und stopften fleißig Mapira in die Pfeifen. Anschließend füllte Maluwan den Inhalt in einen Lederbeutel um, den seine Mutter ihm mitgegeben hatte.

„Schön verzierte Tabakspfeifen, gegen Mapira einzutauschen, Mapira gegen Tabakspfeifen!", rief Maluwan erneut. Es hatte sich schnell auf dem Markt herumgesprochen, dass Maluwan günstig Tabakspfeifen feilzubieten hatte. Und bereits nach wenigen Augenblicken standen erneut Kunden Schlange, um sich eine Pfeife zu kaufen.

Die Sonne stand noch ziemlich hoch am Himmel, da hatte Maluwan alle hundertfünfzig Tabakspfeifen gegen Mapira eingetauscht. Er wunderte sich zwar, dass der Lederbeutel noch nicht gefüllt war, packte aber dennoch glücklich seine Sachen zusammen.

Die Leute verabschiedeten Maluwan und riefen belustigt: „Wenn du wieder etwas zu verkaufen hast, komm nur in unser Dorf." „Wir kaufen dir deine Ware ab, was es auch sei. Das versprechen wir!" „Mit dir kann man gute Geschäfte machen. Also bis zum nächsten Mal, Junge!"

Stolz machte sich Maluwan auf den Heimweg. Noch vor Sonnenuntergang würde er wieder im Palmenwald sein. Da würden seine Eltern aber staunen.

Als er zuhause eintraf, erwartete ihn seine Mutter freudestrahlend: „Schön, dass du schon zurück bist, Maluwan. Dann kann ich ja gleich das Essen zubereiten. Gib mir nur den Lederbeutel!" Die Mutter traute ihren Augen nicht, als sie den Beutel öffnete. Sie untersuchte ihn sofort um herauszufinden, ob der Beutel vielleicht ein Loch hätte. Es hätte ja sein können, dass Maluwan das Mapira auf dem Heimweg verloren hat. Aber nichts dergleichen. Der Beutel war in Ordnung. Das darf doch nicht wahr sein, dachte die Mutter. Sie brachte es aber nicht fertig, ihren Sohn, der noch immer den glücklichen Gesichtsausdruck hatte, zu beschimpfen. Sie bat ihn, dem Vater vorerst nichts zu sagen. Sie wolle erst den rechten Zeitpunkt abwarten.

Als die Familie auf der Strohmatte beim Essen saß, erkundigte sich der Vater nach dem ersten Geschäftstag seines

Sohnes. „Maluwan, ich bin stolz auf dich. Und das Mapira schmeckt sehr gut.", sprach er, tauchte erneut etwas Mapira in die Erdnusssauce und leckte sich die Finger. „Wie viel hast du denn bekommen für die hundertfünfzig Tabakspfeifen?", wollte der Vater wissen. Betretenes Schweigen. Endlich durchbrach die Mutter die Stille und sie sagte leise: „Das, was wir hier in der Schale haben ist alles. Wir sind gerade dabei, alles aufzuessen."

Der Vater glaubte, seine Frau nicht recht verstanden zu haben und schrie: „Waaaaaas? Das gibt's doch nicht. Das soll der Lohn für unsere Arbeit sein? Was fällt dir ein, du dummer Junge?"

Maluwan kullerten dicke Tränen über die Wangen. Er schämte sich sehr. Nun wusste er, dass die Pfeifen viel mehr wert waren. Weinend lief er davon, kletterte in die schattige Krone seines Cashewbaumes, um dort in Ruhe darüber nachzudenken, wie er den Schaden wieder gutmachen könnte. Plötzlich fielen ihm die Bemerkungen der Marktbesucher wieder ein. Hatte man ihm nicht gesagt, er solle wieder kommen, man würde ihm alles abkaufen, weil man mit ihm gute Geschäfte machen könne? Man hatte es ihm sogar versprochen.

Aufgeregt lief er zu seinem Vater, der zwar noch immer wütend war, aber seinem Sohn schon längst verziehen hatte. „Baba, ich habe eine gute Idee!", rief Maluwan schon von Weitem. Der Vater schloss seinen Sohn in die Arme und sagte: „Es tut mir Leid, dass ich so zornig war. Ich hätte dir natürlich auch sagen müssen, wie viel Mapira eine Pfeife wert ist!" „Aber Baba, hör doch, ich werde den Schaden wieder gutmachen!", kündigte Maluwan an. Der Vater lächelte und sagte: „Aber Junge, wie willst du denn den Schaden wieder gutmachen. Man hat dich betrogen. Was geschehen ist, ist geschehen. „Baba, du wirst schon sehen. Fertige nur ein paar Strohmatten an und schicke mich damit wieder auf den Markt. Bitte, vertraue mir!"

Der Vater tat seinem Sohn den Gefallen und fertigte einige Strohmatten an. Mit diesen begab sich Maluwan wieder auf den großen Markt von Morrumbene. Als man ihn kommen sah, eilten seine Kunden herbei und freuten sich schon auf den Handel. „Junge, sprich! Was hast du heute dabei, was du uns verkaufen willst?" „Wir nehmen dir alles ab, wir haben es ja versprochen!" „Nun", erwiderte Maluwan, „heute habe ich Strohmatten dabei, die ich gegen Mapira eintauschen möchte!" „Ach, Strohmatten! So, so! Was sollen die Strohmatten denn kosten, Junge?" „Ich mache euch den gleichen guten Preis wie beim letzten Mal", sagte Maluwan. Ihr faltet die Strohmatten und füllt sie mit Mapira. Da staunten die Leute nicht schlecht. Aber sie ließen sich auf den Handel ein. Sie hatten es schließlich versprochen.

Maluwan hatte einige Mühe, so viel Mapira nach Hause zu schaffen. Der Lederbeutel, den seine Mutter ihm wieder mitgab, war viel zu klein. Ein Teil des Mapira musste er in einer Kapulana heimtransportieren. Dieses bunte Tuch hatte er sich kurzerhand auf dem Markt besorgt, indem er wieder etwas zurückgetauscht hatte. Er hatte nun sogar mehr Mapira, als die hundertfünfzig Tabakspfeifen und die Strohmatten zusammen wert waren, erwirtschaftet. Und den hinterlistigen Marktbesuchern wurde eine Lehre erteilt: Nutze nie die Unwissenheit anderer Leute aus. Letztendlich zahlst du es vielfach zurück.

114

„Siehst du Unrecht und Böses und sprichst nicht dagegen, dann wirst du sein Opfer."

Rassi

Es war einmal ein kleines Dorf am südlichen Ende von Afrika, genauer gesagt in Mosambik. Und eigentlich war das kleine Dorf gar kein richtiges Dorf, sondern eher ein Weiler. Ein Weiler, das sind unzählige kleine Bauerngehöfte, weit verstreut, die dennoch zu einer Gemeinschaft zusammengefasst werden, mit einem richtigen Dorfältesten, wie sich das für Afrika gehört. Man ist immer in Rufweite und kann sicher sein, dass stets eine hilfreiche Hand zur Stelle ist, wenn man laut genug ruft.

Dieses kleine Dorf nun, dessen Name mir entfallen ist, befand sich in einem großen, wunderschönen Palmenhain. Vielleicht war es sogar wirklich der größte Palmenhain weit und breit - wenn man den Erzählungen der Dorfbewohner zuhörte, wie sie stolz von ihren Palmen schwärmten, hätte man sogar glauben können, der ganzen Welt.

Zu der Zeit, in der unsere Geschichte spielt, ging es in dem Palmenhain noch weniger laut zu und es gab auch viel mehr Tiere und Bäume – und Zeit. Die Menschen im Palmenhain lebten sehr einfach und waren dennoch glücklich. Wenn der Hahn morgens erbarmungslos krähte, standen die Menschen auf und zogen sich erst dann wieder in ihre Hütten zurück, wenn die Nacht hereinbrach. Es gab weder fließendes Wasser, noch Strom, noch Telefon, aber immer sehr viel Arbeit. Die Menschen konnten sehr gut ohne diese Annehmlichkeiten leben, da sie sie erst gar nicht kannten. Das ist hier bei uns ganz anders, denn hier vermisst man bereits sein Telefon, noch ehe es überhaupt klingelt.

In diesem kleinen Dorf lebte eine typisch afrikanische Familie mit mehreren Generationen zusammen. Von der ältesten Generation lebte nur noch die uralte Großmutter, und da es ihren Mann nicht mehr gab, war sie auch das Familienoberhaupt. Das war eine sehr wichtige und verantwortungsvolle Aufgabe, denn sie traf fast alle Entscheidungen für die Familie und entschied so über Wohl und Wehe von allen. Nur der Dorfälteste war noch mächtiger.

Die Großmutter hatte vier Söhnen das Leben geschenkt. Die drei ältesten hatten jedoch bereits vor langer Zeit das Dorf verlassen. Nur der jüngste Sohn, Mbate, war bei seiner Mutter im Dorf geblieben. Und daran hatte sich auch nichts geändert, nachdem er sich eine Frau genommen hatte, die übrigens Ugoma hieß. Ugoma war die Tochter der Nachbarsfamilie.

Sie waren jedoch nicht lange zu dritt geblieben. Ugoma hatte schon im ersten Jahr den ersten Sohn, und im Jahr darauf den zweiten geboren. Vier weitere Kinder sollten folgen, alles Söhne. Mittlerweile hatte Mbate für seine Kinder sogar eigens eine neue Hütte bauen müssen.

Ihr glaubt, dass sechs Söhne viele Kinder sind? Nun, für unsere Verhältnisse mag das sicherlich zutreffen, aber für afrikanische Familien ist das gar nicht so besonders. Und was soll ich euch sagen: Die sechsfache Mutter war schon wieder schwanger geworden und die ganze Familie hatte sich auf ein neues Brüderchen gefreut. Und hier beginnt unsere Geschichte.

116

„Woher wollt ihr alle wissen, dass es wieder ein Junge wird?", fragte die alte Großmutter gereizt. „Wäre es nicht einmal an der Zeit, ein Mädchen auf die Welt zu setzen?", fuhr sie ärgerlich fort und giftete ihre Schwiegertochter an. Die Familie schaute sich verwundert an. „Was ist bloß mit Oma los?", fragten sie sich.

„Sicherlich würde ich mich auch riesig über ein Mädchen freuen, das mir im Haushalt mehr unter die Arme greifen könnte, als es meine Söhne derzeit tun", antwortete Ugoma in einem bestimmten Ton. „Aber ich werde einen weiteren Sohn genauso gerne in dieser Welt willkommen heißen."

„Ja, Mutter!", mischte sich Mbate ein, „wir lieben unsere Kinder alle gleichermaßen. Du etwa nicht? Du selbst hattest ausschließlich Söhnen das Leben geschenkt, die dir und Vater stets viel Freude bereiteten!"

Die Alte antwortete nur mit einem vor Zorn verzerrten Gesicht und einer abfälligen Handbewegung. Mbate, Ugoma und die Kinder erschraken, als sie die Großmutter so sahen. Ihre Augen schienen rot zu glühen. Etwas Unverständliches in ihren Damenbart murmelnd, verließ sie die Hütte und ließ die anderen verblüfft zurück. Eine Zeitlang blieben alle stumm.

„Lasst sie!", unterbrach Ugoma zuerst die Stille. „Sie ist eine alte Frau. Ich kann mir vorstellen, dass sie ihren reichen Erfahrungsschatz endlich an ein Mädchen der Familie weitergeben möchte, wie es die Tradition gebietet. Viel Zeit bleibt ihr nicht mehr. Mbate, auch die Frauen deiner Brüder haben bislang nur Jungen zur Welt gebracht." „Du hast wahrscheinlich recht", sagte Mbate zu seiner Frau. „Sie wird nicht mehr viele Chancen bekommen, Großmutter einer Enkelin zu werden. Aber habt ihr diese Augen gesehen? So hab' ich sie noch nie zuvor erlebt."

Ugoma war besorgt und beschloss, die Großmutter aufzusuchen, um sie zu besänftigen. Sie fand die Hütte der Großmutter allerdings leer vor. Seltsam, dachte Ugoma.

Der Mond schien sehr hell, so hell, dass man kaum die Sterne sah, wenn man direkt in Richtung Mond blickte. Normalerweise kann man in diesem Palmenhain in den Nächten unzählbar viele Sterne sehen. Es ist unglaublich, wie viele Sterne dort am Himmel zu sehen sind, viel mehr als bei uns hier in Europa. Wenn ihr einmal in Afrika seid, müsst ihr euch unbedingt den Himmel nachts anschauen – allerdings nicht, wenn gerade Vollmond ist.

Gespenstisch und wunderbar zugleich waren die Silhouetten der Palmen, die wie gigantische Vögel aussahen. Die sachte im Abendwind flatternden Wedel bewegten sich wie riesige Schwingen.

Ugoma war von dem Schauspiel begeistert. Sie wollte gerade wieder zu ihrer Familie zurück, als sie zwischen all den vermeintlich fliegenden Wesen eine kniende Gestalt entdeckte, die immer wieder ihre Arme ausbreitete und anschließend mit ihrer Stirn die sandige Erde berührte. Ugoma erschrak. Sie beschloss dennoch, sich dieser Gestalt zu nähern. Halb mutig, halb verängstigt, aber neugierig genug, um nicht umzukehren, glitt sie lautlos über den Sand. Um unerkannt zu bleiben, versteckte sie sich immer wieder hinter den Palmen, was mit ihrem dicken Bauch allerdings gar nicht so einfach war. So kam sie immer näher und konnte sogar hören, dass diese mysteriöse Gestalt auf dem Boden etwas sprach. Nur was sagte sie? Ugoma konnte kein einziges Wort verstehen.

Plötzlich erhob sich die Gestalt und beendete ihr Ritual. Sie drehte sich in Richtung Ugoma und rief ihr zu: „Ich wusste, dass du kommst, mein Kind!" Ugoma erstarrte: Es war die Großmutter. Sie hatte mit ruhiger Stimme zu Ugoma gesprochen, und ihre Augen glühten nicht mehr.

„Großmutter, was tust du hier?" fragte Ugoma verwirrt.

„Mach dir keine Sorgen, mein Kind. In den Vollmondnächten komme ich oft hierher, um mit den Ahnen zu sprechen. Ich bat sie, dir bei der nächsten Geburt beizustehen. Das ist alles!"

Die Tage vergingen, und stündlich wartete man darauf, dass Ugoma ihr Kind zur Welt bringen würde. Und eines Tages war es dann endlich so weit. Im Kreise vieler Frauen aus der Nachbarschaft – und der Großmutter natürlich – gebar Ugoma ihr siebtes Kind. Zur großen Überraschung aller war es dieses Mal kein Brüderchen, sondern ein niedliches, wunderschönes Schwesterchen mit einer Stupsnase und einem freundlichen Lächeln.

Sie gaben dem Mädchen den Namen Rassi. Rassi wurde von jedermann über alles geliebt und verehrt wie ein Stern, der besonders hell am Himmel strahlt, heller als alle anderen Sterne der Milchstraße. Sie wuchs wohl behütet auf. Auch ihre Brüder liebten sie über alle Maßen. Von allen aber liebte die Großmutter das kleine Mädchen am meisten. Sie war ständig in Rassis Nähe. Besonders wenn es zu dämmern begann, bat sie ihre Schwiegertochter häufig, ihr doch bitte das Kind zu überlassen. Dann nahm die Großmutter Rassi, ging vor die

Hütte, hielt sie den Sternen oder dem Mond entgegen, rief ihre Ahnen an und sagte: „Schaut, ihr Ahnen – dies ist Rassi, meine Enkeltochter!"

Habe ich schon erwähnt, dass die afrikanischen Säuglinge ihre Mütter ständig begleiten, und zwar auf deren Rücken, mit einer bunten Kapulana festgebunden? So ist das Kleine hautnah dabei, wenn die Mutter den Hof fegt, das Feuer macht, das Essen zubereitet, das Feld bestellt, das Gemüse erntet, die Tiere füttert, die Wäsche im Fluss wäscht, aber auch wenn sie singt und tanzt. Verspürt der Säugling Hunger, macht er sich schreiend bemerkbar. Das kennt man ja. Nur in Afrika ist es so, dass die Mutter das kleine Menschenkind nur vom Rücken nach vorne zu holen braucht, um es an die hungerstillende Brust anzulegen. Nach Beendigung der Mahlzeit, nimmt es wieder seinen angestammten Platz auf dem Rücken ein.

So vergingen auch die ersten Lebensjahre der kleinen Rassi. Sie war die ständige Begleiterin ihrer Mutter. Als sie jedoch in das Alter kam, in dem kleine Kinder mit dem Laufen beginnen, musste die Familie feststellen, dass sich die kleine Rassi sehr schwer damit tat. Mochte man anfangs noch gerne glauben, dass einige Kinder eben später das Laufen erlernen, war irgendwann allen klar, dass Rassi selbst zu diesen Kindern nie gehören würde. Rassi konnte keinen einzigen Schritt gehen, noch nicht einmal richtig stehen. Sie musste überallhin getragen werden. Welch ein Jammer, so ein schönes Mädchen, und sie kann nicht gehen, dachte die Familie, dachten die Nachbarn. Jedermann bedauerte Rassi sehr. Es trieb einem die Tränen in die Augen, wenn man sie auf der Strohmatte oder im Sand hocken sah. Nichts unterschied Rassi dann von anderen

Kindern. Man mochte sich nicht vorstellen, dass sie nicht laufen konnte, wenn man sie so sah.

Die Großmutter dagegen schien eigentlich sehr gefasst. Immer wieder beruhigte sie die Familie. „Ihre Zeit wird kommen. Rassi wird irgendwann einfach aufstehen und laufen können, ihr werdet sehen". Rassis Eltern und ihre Geschwister hatten die Hoffnung jedoch schon längst aufgegeben.

❦

Das Leben musste indes weitergehen. Es kam die Zeit der Ernte. Täglich gingen Ugoma und Mbate mit ihren Kindern hinaus aufs Feld, um zu arbeiten. Rassi war mittlerweile zu schwer geworden, um von ihrer Mutter weiterhin getragen zu werden. So ließ Ugoma ihre Tochter einfach in der Obhut der Großmutter. Wie gut, dass es die Großmutter noch gab. Sie war eine große Hilfe.

Sobald sich Rassis Eltern und Brüder auf den Weg zum Feld machten, ging die Großmutter geradewegs zu ihrer Enkelin, die entweder unter einem Baum im Hof oder auf einer Strohmatte in einer Ecke der Hütte saß und mit ihrer Puppe spielte, die ihre Brüder für sie gebastelt hatten. Rassi liebte ihre Großmutter sehr. Aber manchmal fürchtete sich Rassi auch vor ihr. Denn immer dann, wenn der Rest ihrer Familie auf dem Feld war, hatte die Alte so glühende Augen und sprach über seltsame Dinge, die Rassi nicht verstand. Dann hörte sich auch die vertraute Stimme ihrer Großmutter gar nicht mehr so liebevoll an. „Mein liebes Kind", sagte sie dann und strich Rassi dabei über den Kopf, „jetzt sind wir ganz allein und können viel Zeit miteinander verbringen!" Rassi schauderte es immer wieder aufs Neu.

Eines Tages – Rassis Eltern und Brüder waren schon früh auf dem Feld zugange – stand plötzlich die Alte mit glühenden Augen in der Türöffnung der Hütte, in deren Ecke Rassi auf der Strohmatte saß. Rassi erschrak sich zu Tode. Alles was sie sah, als sie gegen das grelle Sonnenlicht in Richtung Tür blickte, war ein großer, schwarzer Schatten in Menschengestalt. Dass es ihre Großmutter sein musste, erkannte sie an den glühenden Augen, die in die Hütte leuchteten. Der schwarze Schatten mit den glühenden Augen kam näher, beugte sich über Rassi und sprach: „Mein liebes Kind, wäre es nicht wunderbar, wenn du tanzen könntest?"

„Aber Großmutter", entgegnete Rassi verängstigt mit weinerlicher Stimme, „was redest du da? Ich kann doch noch nicht einmal gehen!" und rutschte mit all ihrer Kraft immer weiter in die Ecke der Hütte. „Liebe Rassi, höre mir gut zu: Wenn du wirklich tanzen möchtest, wirst du tanzen können. Vertraue mir, und vor allen Dingen, vertraue dir selbst! Schling' nur deine Arme um meinen Hals! Ich werde dich in den Stall tragen!" Rassi tat, wie ihr die Großmutter geheißen. Die Augen der Großmutter glühten noch immer. Rassi zitterte vor Angst. Im Stall lehnte die Großmutter Rassi gegen einen stabilen Bambuspfahl und bat das Mädchen, sich festzuhalten. Alsbald begann sie zu singen:

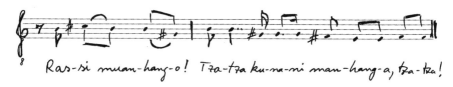

Ras-si muan-hang-o! Tza-tza ku-na-mi man-hang-a, tza-tza!

Rassi muanango! Tzatza kunani manhanga, tzatza!
Rassi, mein Kind! Tanze, alles ist in Ordnung, tanze!

Die Großmutter begleitete ihr Lied, indem sie dazu im Takt klatschte und somit Rassi das Tempo vorgab. Der Gesang der Großmutter klang so lieblich wie der einer jungen Frau. Noch nie zuvor hatte das kleine Mädchen eine schönere Stimme singen hören. Rassi war verzaubert. Plötzlich fühlte sie Kraft in ihren Beinen und ließ zögerlich den Bambuspfahl los. Einige Augenblicke stand sie dann da, mitten im Stall, ohne Bambuspfahl, und konnte es nicht glauben: Sie, Rassi, stand auf ihren eigenen Beinen. Rassi erinnerte sich an die Worte der Großmutter und schrie es hinaus: „Ja, ich will tanzen, nichts lieber als das, ich will, ich will, ich will!" Rassi ging zunächst ein paar Schritte im Stall auf und ab und genoss das neue Lebensgefühl, die neu gewonnene Freiheit. Sie verstand zwar nicht, wie es dazu kommen konnte. Aber darüber würde sie später nachdenken. Und dann brach es auch schon aus ihr heraus und sie tanzte, tanzte und tanzte, warf die Beine in die Höhe, drehte sich, ließ die Hüften kreisen, schüttelte die Arme, schwenkte den Kopf. Rassi tanzte bis zur völligen Erschöpfung, und plötzlich sackte sie einfach in sich zusammen, ohnmächtig.

Als Rassi wieder die Augen öffnete, blickte sie in das Gesicht ihrer Großmutter. Die Augen der Großmutter glühten nicht mehr, aber Rassis Kopf dafür umso mehr. Rassi blickte in ein gütiges, vertrauenswürdiges Gesicht. Dabei strich ihr die Großmutter immer wieder über die fein geflochtenen Zöpfchen. Rassi machte nur eine kurze Bemerkung, bevor sie wieder die Augen schloss: „Ich hatte einen wunderschönen Traum! Wunderschön!"

Am nächsten Morgen erwachte Rassi recht spät auf der gewohnten Strohmatte. Die Sonne blinzelte bereits sehr hell in die Hütte. So gut hatte sie schon lange nicht mehr geschlafen. Welche Tageszeit mögen wir haben, fragte sich Rassi. Sie war völlig orientierungslos, da sie zum ersten Mal, seit sie denken konnte, den Hahn nicht gehört hatte.

Die Eltern und ihre Geschwister waren bereits auf dem Feld. Rassi rief nach der Großmutter, um ihr von ihrem schönen Traum zu erzählen.

Die Großmutter schnaubte immer heftiger, während sie Rassis Ausführungen zuhörte, und ihre Augen wurden zunehmend glühend rot – Rassi hatte die Veränderungen an der Großmutter gar nicht bemerkt. Und als Rassi dann zu ihr aufschaute, erschrak sie umso mehr.

Mit angsteinflößender Stimme sagte die Großmutter zu ihrer Enkelin: „Rassi, du dummes Ding, das war kein Traum, das war Zauberei!" Rassi verschlug es den Atem. „Und ich habe dich verzaubert. An mir allein ist es, dich gehen zu lassen, dich tanzen zu lassen, wie es mir beliebt!", fuhr die Alte fort. „Steh' nur auf und folge mir in den Stall! Dann wirst du sehen!"

„Aber Großmutter, willst du mir nicht dabei helfen?", rief Rassi. Doch die Großmutter war schon Richtung Stall aufgebrochen und beachtete das Mädchen gar nicht mehr. So war Rassi nun auf sich selbst angewiesen. Schließlich gelang es ihr, wenn auch mit etwas Anstrengung, sich alleine aufzurichten und der Großmutter in den Stall zu folgen.

Dort hockte die Alte bereits singend und klatschend und erwartete ihre Enkelin. Sobald Rassi das Lied vernahm, begann sie auch schon zu tanzen, und sie tanzte, tanzte und tanzte, warf die Beine in die Höhe, drehte sich, ließ die Hüften kreisen, schüttelte die Arme, schwenkte den Kopf.

Plötzlich hörte die Großmutter auf zu singen und erhob sich. Rassi hörte auf zu tanzen und blieb erschöpft vor der Großmutter stehen. Mit glühenden Augen und schelmischer Stimme sprach die Alte: „Rassi, mein liebes Kind, ist es nicht schön, gehen und tanzen zu können? Wäre es nicht wunderbar, wenn du gehen und tanzen könntest, wann immer du möchtest?"

Rassi begann zu weinen. Sie verstand nicht, warum die Großmutter so gemein war. Wenn sie Rassi doch liebte und es in ihrer Macht stand, den Zauber zu beherrschen, fragte sich das Mädchen, warum ließ sie dann zu, dass Rassi nicht wie alle anderen Kinder laufen konnte?

„Mein liebes Kind, ich werde dich nun in die Hütte zurücktragen. Dort wirst du auf der Strohmatte sitzen, wie immer, und auf deine Familie warten, wie immer. Aber du wirst ihnen kein einziges Wort über den Zauber erzählen. Verstehst du? Kein einziges Wort! Es wird unser Geheimnis bleiben!"

„Ja", wimmerte Rassi.

Die Großmutter fuhr fort: „Sonst wirst du nie wieder gehen, geschweige denn tanzen können. Hörst du? Nie wieder!"

Tagaus tagein wiederholte sich das geheime Zeremoniell. Mittlerweile konnte Rassi das Lied der Großmutter mitsingen. Aber immer häufiger unterbrach die Großmutter das Lied und den Tanz, bat Rassi sich neben sie zu setzen, und erzählte ihrer Enkelin eine Menge über die Ahnen der Familie, über Flüche, über Zaubertränke und Rituale. Viele Dinge fand Rassi äußerst interessant – wenn die Großmutter zum Beispiel über die Kunst der Herstellung von zauberhafter Medizin sprach und auch darüber, was diese magischen Getränke bewirken können.

Besonders die Vollmondnächte fürchtete Rassi sehr. Normalerweise wurde sie von ihrer Großmutter nur dann unterrichtet, wenn ihre Eltern und Brüder auf dem Feld waren. In den Vollmondnächten musste Rassi jedoch unter einem Vorwand immer in der Hütte der Großmutter übernachten. Wenn alle schliefen, weckte die Alte Rassi mit glühenden Augen und hieß sie, ihr zu folgen. Gewöhnlich suchte die Alte dann eine versteckte aber dennoch vom Mond erhellte Stelle im Palmenwald auf, um mit ihren Ahnen sprechen zu können. Rassi sollte sie zunächst nur beobachten.

Nach solchen Nächten war Rassi besonders müde. Wenn dann die Großmutter tags darauf auch noch verlangte, dass Rassi tanzte, hatte das kleine Mädchen keine Energie mehr, wenn ihre Familie vom Feld zurückkam.

Ugoma bemerkte als erste, dass mit ihrer Tochter irgendetwas nicht stimmte. Rassis schöne Augen waren matt, ihr Gesicht strahlte nicht mehr. Ugoma machte sich Sorgen. Auch Mbate stellte manchmal fest, dass Rassi sehr bedrückt aussah.

Eines Tages setzte sich Ugoma neben ihre Tochter auf die Matte und umarmte sie herzlich. Wie gut das tat, dachte Rassi, und begann sofort zu weinen, lautlos, aber tränenreich. Die Tränen strömten nur so aus ihr heraus. Ugoma hielt Rassi fest in ihren Armen und wiegte sie. In diesem Zustand wollte sie ihre Tochter nicht befragen, beschloss Ugoma. Rassi soll erst einmal ungehemmt weinen dürfen.

Erst am nächsten Abend nahm sich Ugoma Zeit, um sich wieder neben Rassi auf die Strohmatte zu setzen. Als sie fragte, was sie denn bedrücke, bekam sie zunächst keine Antwort, nur verzweifelte Blicke. „Rassi, ich werde dir Zeit lassen. Du weißt, ich bin deine Mutter, die dich liebt und dir beisteht. Du solltest dich mir anvertrauen. Nur so kannst du die Last, die du nun bereits seit Tagen mit dir herumträgst, abwerfen!"

„Ich weiß, Mutter! Aber ich setze dabei viel aufs Spiel! Ich kann es nicht riskieren. Schließlich möchte ich doch irgendwann laufen können!", entgegnete Rassi.

„Was redest du da für einen Unsinn, Rassi?", fragte Ugoma besorgt ihre Tochter und befühlte mit ihrer Hand die hohe Stirn Rassis, um festzustellen, ob die Kleine vielleicht unter Fieber leidet und im Wahn spricht. Aber alles schien in Ordnung.

Rassi konnte es nicht glauben, dass sie bereits zu viel geplaudert hatte und hielt sich erschrocken die Hand vor ihren Mund. Nach dem ersten Schreck dachte sie jedoch, dass sie die Worte nicht zurücknehmen könne und nun schließlich der Anfang gemacht sei. Sie würde ihrer Mutter nun alles erzählen.

Und so erzählte Rassi zunächst in allen Einzelheiten von den glühenden Augen der Großmutter und deren verzaubernder Stimme, von dem schönen Lied und schließlich davon, dass sie, Rassi, jeden Tag tanzte, tanzte und tanzte, sich drehte, mit den Hüften kreiste, ihre Arme schüttelte und den Kopf schwang. Und anschließend erzählte das Kind auch die Geschichten über die Zaubermedizin und die Vollmondnächte, in denen die Großmutter mit den Ahnen sprach. Wiederum befühlte Ugoma die Stirn ihrer Tochter.

Ugoma besprach sich mit Mbate, der ebenfalls überrascht war ob der blühenden Fantasie seiner Tochter. Aber auf der anderen Seite, beruhigte er seine Frau, habe Rassi auf der

Strohmatte ja auch sehr viel Zeit, sich solche Geschichten aus-
zudenken. Man sollte das nicht zu ernst nehmen. „Vielleicht
sollten wir Rassi etwas Abwechslung verschaffen und sie öfters mit aufs Feld nehmen, wo ab und an einer ihrer Brüder
sich mit ihr beschäftigen kann", sagte Mbate. Ugoma stimmte
zu, wollte aber dennoch ein letztes Mal ihre Tochter befragen.

Rassi schilderte ihrer Mutter wieder die gleichen Begebenheiten und dass sie Angst vor der Großmutter habe und nichts
mehr von Zauberei hören wolle, aber dass sie sich andererseits nichts sehnlicher wünsche, als laufen und tanzen zu können, wann immer sie wolle.

Was Ugoma so erschreckte und nachdenklich machte, war
die Bestimmtheit, mit der Rassi ihre Geschichten erzählte,
und die unendliche Verzweiflung, die in ihrer Stimme zu liegen schien.

Ugoma sprach mit Mbate über ihre Beobachtungen und
Vermutungen. Das stimmte auch Mbate nachdenklich und er
erinnerte sich plötzlich an jenen Tag, als er selbst glaubte, seine eigene Mutter nicht mehr wieder zu erkennen. „Da hatte
sie auch diese glühenden Augen, Ugoma! Weißt du noch, Rassi war noch nicht geboren?", fragte Mbate seine Frau. Ugoma
erinnerte sich noch sehr gut. Das war an jenem Tag, als sie
ihre Schwiegermutter im Mondschein überraschte. Beiden lief
ein Schauder über den Körper.

Ugoma und Mbate beschlossen, am nächsten Tag nur ihre
Söhne auf das Feld zu schicken. Sie würden sich heimlich im
Stall verstecken, um beobachten zu können, wie die Groß-
mutter und Rassi den Tag so verbrachten.

Und wahrhaftig: Die Großmutter und Rassi kamen am
nächsten Vormittag in den Stall. Mit Erstaunen sahen Ugoma

und ihr Mann, wie die Alte etwas murmelte, wild mit den Händen zu fuchteln und zu singen begann, und wie sie das Kind aufforderte, zu tanzen. Das Gesicht der Alten hatte etwas von einer dämonischen Fratze.

Die Kleine tanzte wie eine begnadete Tänzerin, ohne die Anzeichen einer Lähmung, ausgelassen wie ein Schmetterling an einem Sommertag. Ugoma und Mbate trauten ihren Augen nicht. In Ugoma stiegen Tränen auf. Zu ihrer großen Überraschung trug sich alles genau so zu, wie Rassi es zuvor beschrieben hatte. Ugoma konnte sich gar nicht satt sehen daran und war kurz davor, aus ihrem Versteck zu kommen, um ihr schönes Mädchen zu liebkosen. Mbate hielt seine Frau jedoch zurück. Der Tanz war ja nur der eine Teil. Ugoma musste geduldig sein. „Wir müssen herausfinden, was es mit dieser Zauberei auf sich hat!", flüsterte er seiner Frau zu. Und in der Tat: Sie wurden Zeuge davon, wie diese alte Frau mit den glühenden Augen ihrer Tochter etwas über Fluch und Segen der Ahnen und den bösen Zauber erzählte und anschließend von Rassi verlangte, das zu wiederholen.

Da traten die Eltern endlich aus ihrem Versteck und riefen die Frau an: „Wer bist du, böses Weib?", fragte Ugoma. „Wie kannst du einem kleinen Mädchen nur so etwas antun?", fragte Mbate weiter. Die vermeintliche Großmutter bebte: „Neeeeeiiiiiin!", brüllte sie, so laut wie eine Löwin, und fiel um.

Vorsichtig näherten sich Mbate und Ugoma der alten Frau, die auf dem Boden lag. Zunächst erschraken sie, da die Frau plötzlich um Jahre gealtert schien. Aber dann beruhigten sie sich. „Schau nur Ugoma, wie friedlich sie daliegt!", sagte Mbate. Im selben Moment öffnete die alte Frau die Augen und sprach: „Zum Glück ist der Fluch nun zu Ende. Jetzt darf ich endlich zu meinen Ahnen." Nach einer kurzen Pause fuhr sie fort: „Schon seit langer Zeit, Mbate, du warst gerade geboren, ergriff ein böser Ahnengeist von mir Besitz. Ich war nicht mutig genug, um mich gegen ihn zu stellen, nicht so mutig wie die kleine Rassi." Wiederum musste die alte Großmutter eine Pause einlegen. „Ich hatte geschwiegen, weil ich etwas Unrechtes getan hatte und stets befürchtete, die Ahnen nicht mehr auf meiner Seite zu haben – dabei hätten sie mir sicherlich verziehen. Aber das ist eine andere Geschichte."

Nach einer weiteren Pause rief die Großmutter nach Rassi: „Rassi, komm her zu mir!" „Aber Großmutter", entgegnete Rassi, „ich habe keine Kraft mehr in den Beinen. Der Zauber ist doch vorbei. Ich kann nicht aufstehen und zu dir kommen!" „Doch, mein liebes Kind, du kannst, vorausgesetzt du willst. Wenn du dir etwas merken solltest von dem, was die böse Zauberin erzählt hat, dann ist es dies: Wenn du wirklich willst, dann kannst du!"

Rassi stand auf und ging zur Großmutter. Als sie die alte Frau so erbärmlich auf dem Boden im Stall liegen sah, begann Rassi zu weinen und legte ihr Köpfchen auf den Bauch der Großmutter, das diese alsbald streichelte. „Weine nicht, mein Kind! Jetzt wird alles gut, dank dir, Rassi! Du solltest dich für mich freuen, dass ich nun endlich von dem bösen Zauber befreit bin, den du gebrochen hast, weil du deinen Eltern vertraut und ihnen alles erzählt hast. Ich bin stolz auf dich!"

Ugoma und Mbate knieten noch immer an der Seite der Großmutter. Traurig und glücklich zugleich ergriffen sie die Hände der alten Frau. Mit ihrer letzten Kraft drückte sie die Hände ihrer Kinder. Ein leichtes Lächeln legte sich auf ihr Gesicht. Dann schlief sie friedlich ein. Ugoma und Mbate gingen betroffen in ihre Hütte. Rassi, die von Stund an laufen konnte, wann immer sie es wollte, folgte ihnen.